W0193769

GÖTZ W. WERNER, MATTHIAS WEIK, MARC FRIEDRICH

Sonst knallt's

Götz W. Werner ist Gründer der dm-Drogeriemarkt-Kette. Sein Führungsstil ist geprägt von seiner Nähe zur Anthroposophie. Als Unternehmer setzt er auf Kooperation, selbstständiges Arbeiten und auf die Entwicklung seiner Angestellten.

Marc Friedrich (links) ist Mitgründer der Honorarberatung Friedrich & Weik Vermögenssicherung. Seit vielen Jahren hält er gemeinsam mit Matthias Weik Vorträge im In-und Ausland rund um das Thema Wirtschaft und Finanzen.

Matthias Weik (rechts) ist Mitinitiator von Deutschlands erstem offenen Sachwertfonds. Gemeinsam mit Marc Friedrich hat er die Bestseller »Der größte Raubzug der Geschichte«, »Der Crash ist die Lösung« und »Kapitalfehler« geschrieben.

Götz W. Werner, Matthias Weik,
Marc Friedrich

SONST KNALLT'S

Warum wir Wirtschaft und Politik
radikal neu denken müssen

Dieser Titel ist auch als E-Book erschienen

Eichborn Verlag in der Bastei Lübbe AG

Originalausgabe
Copyright © 2017 by Bastei Lübbe AG, Köln
Lektorat: Enrik Lauer und Gesine von Prittwitz, Berlin
Umschlaggestaltung: Massimo Peter-Bille
Grafiken: www.querschuesse.de
Satz: hanseatenSatz-bremen, Bremen
Gesetzt aus der FF Tibere
Druck und Einband: GGP Media GmbH, Pößneck

Printed in Germany
ISBN 978-3-8479-0634-6

5   4   3

Sie finden uns im Internet unter: www.eichborn.de
Bitte beachten Sie auch: www.luebbe.de

Ein verlagsneues Buch kostet in Deutschland und Österreich jeweils
überall dasselbe.
Damit die kulturelle Vielfalt erhalten und für die Leser bezahlbar
bleibt, gibt es die gesetzliche Buchpreisbindung. Ob im Internet, in
der Großbuchhandlung, beim lokalen Buchhändler, im Dorf oder in
der Großstadt – überall bekommen Sie Ihre verlagsneuen Bücher zum
selben Preis.

>*Die reinste Form des Wahnsinns ist es, alles beim Alten zu lassen und gleichzeitig zu hoffen, dass sich etwas ändert.*«

Albert Einstein, Physiker und Nobelpreisträger

Sie haben Fragen, Anregungen oder Kritik? Dann schreiben Sie uns.

Götz Werner
c/o Arthen Kommunikation GmbH
Käppelestr. 8a
76131 Karlsruhe
anfragen@unternimm-die-zukunft.de
http://www.unternimm-die-zukunft.de
https://www.facebook.com/goetzwerner/

Marc Friedrich und Matthias Weik
Friedrich & Weik Vermögenssicherung UG
Mühlstraße 90
73547 Lorch
info@fw-vs.de
http://www.friedrich-weik.de/
https://www.facebook.com/friedrichundweik/
https://twitter.com/FRIEDRICH_WEIK

Inhaltsverzeichnis

»Was wir brauchen, sind ein paar verrückte Leute;
seht euch an, wohin uns die Normalen gebracht haben.«
George Bernard Shaw

Zukunft 4.0: Teilzeitarbeit – Vollzeitrisiko

Wie wir mit immer weniger Arbeit immer mehr Wohlstand schaffen.
Und warum es den Wohlstand hemmt, wenn wir ihn falsch verteilen.

»Du räumst jetzt sofort dein Zimmer auf. Sonst knallt's!«

So redeten viele Eltern bis weit in die 1970er-Jahre hinein mit ungezogenen Kindern. Nicht jedem paramilitärischen Appell folgte jene Ohrfeige auf dem Fuß, die angeblich »noch keinem geschadet hat«. Aber es dauerte bis 1980, den Begriff der »elterlichen Gewalt« aus dem Bürgerlichen Gesetzbuch zu entfernen und durch den der »elterlichen Sorge« zu ersetzen. Erst seit November 2000 ist Erziehungsberechtigten die Anwendung körperlicher Gewalt verboten. Kinder haben seitdem »ein Recht auf gewaltfreie Erziehung. Körperliche Bestrafungen, seelische Verletzungen und andere entwürdigende Maßnahmen sind unzulässig.« (§ 1631 BGB)

90 Prozent aller Eltern halten das für ein vernünftiges Ideal. Aber immerhin findet noch eine knappe Hälfte von ihnen, es sei

verständlich und zulässig, wenn ihnen ab und an »die Hand ausrutscht«. Und 20 Prozent sind hartnäckig autoritär – sie rechtfertigen laut einer Studie des Deutschen Kinderschutzbundes die leichte Watsche oder den »Klaps« auf den Hintern ausdrücklich als sinnvolle erzieherische Maßnahme.

Was das mit der Krise des Kapitalismus zu tun hat? Vermutlich mehr, als man im ersten Moment meinen könnte. Denn auch in der Politik ist in den letzten Jahren eine merkliche Renaissance des Autoritären zu beobachten. Erscheinungen wie den türkischen Möchtegernsultan Recep Tayyip Erdogan oder den ungarischen Ministerpräsidenten Viktor Orbán kann man vor dem Hintergrund demokratischer und ökonomischer Entwicklungsverzögerungen ihrer Heimatländer deuten. Auch bei Russlands Präsident Wladimir Putin würde das funktionieren, wollte man nur seine ungebrochene Popularität im eigenen Reich verstehen. Seine wachsende Fanbase im Westen lässt sich dadurch nicht erklären.

Für die Wahl Donald Trumps zum Präsidenten der USA gibt es viele Erklärungsansätze. Drei taugen mit Sicherheit nicht: dass es dem Land an demokratischer Tradition fehle; dass es ökonomisch ein Schwellenland sei, dessen Wirtschaft zudem aktuell komplett am Boden liege; und dass Nordamerika real mit einer »Flüchtlingskrise« konfrontiert sei.

Ähnliches gilt für Frankreich, das Mutterland der Demokratie. Gewiss sind die Probleme des Landes nicht klein: übermäßig zentralistische, verkrustete Strukturen in Wirtschaft, Politik und

Gesellschaft. Gewaltige Staatsschulden, die zweithöchste Staatsquote in der EU, eine Industrieproduktion auf dem Niveau von 1993. Dennoch ist Frankreich die sechstgrößte Exportnation der Welt, seine Chemie- und Pharmaindustrie spielt global ganz vorne mit, französische Unternehmen melden fast genauso viele Patente im Bereich der Hochtechnologie an wie deutsche, bei Luxusgütern haben die Gallier gar einen Weltmarktanteil von 27 Prozent. Und die demografische Entwicklung beim Nachbarn ist weitaus günstiger als bei uns. Im Übrigen hat Frankreich eher wenige Probleme mit aktuellen Migranten, sondern mit einer nahezu komplett gescheiterten Integration der Zuwanderer aus den eigenen Ex-Kolonien. Wenn also Madame Le Pen derzeit mit mehr als einem halben Bein im Élysée-Palast steht, so wird man das ebenso wenig mit akuten Krisen allein erklären können, wie den Wahlerfolg von Geert Wilders in den Niederlanden.

Finanzkrise, Bankenkrise, Eurokrise, Griechenlandkrise? Mit diesen Themen begannen hierzulande im bürgerlichen Spektrum einst die Absetzbewegungen weg von den etablierten Parteien. Nullzinsen und schleichende Entwertung von Ersparnissen? Das macht Menschen mit vier- bis fünfstelligen Rücklagen bei heimischen Geldinstituten verständlicherweise nervöser als solche mit prallen Konten im Ausland. Stagnierende Einkommen und wachsende Jobunsicherheit in weiten Teilen der Mittelschicht? Da kommt man der Wahrheit vermutlich schon näher. Wenngleich zwischen harten Zahlen und deren Deutung sich auch hier große Spielräume auftun. Dauerarbeitslosigkeit, permanent prekäre Lebensverhältnisse und Kinderarmut am unteren Ende der »Einkommenspyramide«? Auch dies liefert sicher Teile des Puzzles. Aber nicht das ganze Bild.

Leider klingen viele Antworten auf derlei Probleme immer einfacher. Und während die Ersten schon wieder wünschen, da müsse es endlich mal knallen, da müsse jemand mit starker Hand »aufräumen«, werden die realen Probleme leider nur komplexer. Und sie verschwinden umso weniger, je lauter das Geschrei wird.

Ach ja: Was ist mit »den Flüchtlingen«? Mit voller Absicht sagen wir dazu nur fünf Sätze. Erstens: Migrationsbewegungen hat es im Verlauf der Geschichte immer wieder gegeben – und wird es immer geben. Zweitens: Migration ist immer ein Symptom *für*, niemals die Ursache *von* gesellschaftlichen Problemen und Verwerfungen. Drittens: In einer Welt total globalisierter Finanz- und Warenströme, in der man deren negative wie positive Folgen dank Digitalisierung bis in die letzten Winkel der Erde betrachten kann, darf man sich erst recht nicht wundern, wenn sich irgendwann auch Menschen in Bewegung setzen. Viertens: Die Lösungen für derlei Probleme sind immer komplex, immer langfristig – und sie haben dann wenig mit Einwanderern und viel mit den Zuständen in deren Herkunftsländern (»Bekämpfung von Fluchtursachen vor Ort«) und in den Einwanderungsgesellschaften zu tun. Fünftens: Wenn wir diese Probleme für vorrangig hielten, dann hätten wir darüber ein Buch geschrieben – und nicht über die unseres Erachtens nötige Neuordnung unseres Steuer-, Sozial- und Finanzsystems.

Ohne Zins und Verstand:
Bekannte Krisen, weiter köchelnd

Nach der Finanzkrise 2008 wurden Europas Banken mit Billionen von Euros gerettet. Weil sie sich nicht bloß verzockt, sondern sich teilweise auch mit kriminellen Methoden bereichert hatten, mussten sie über 300 Milliarden Euro an Strafgeldern zahlen. Freilich handelte es sich dabei nur um einen Bruchteil ihrer halb legal und illegal erzielten Profite. Leider gehören viele fragwürdige Geschäftspraktiken nach wie vor zum Repertoire der Banken – bloß dass niemand mehr so laut mit ihnen prahlt. Und leider entpuppten sich auch die meisten Versprechungen, nun aber wirklich ernst zu machen mit Bankenaufsicht und Finanzmarktkontrolle, als rhetorische Beruhigungspillen.

Einer der lautesten Prediger wider die »korrupten Eliten«, der neu gewählte US-Präsident Donald Trump, unterschreibt derweil in Serie Dekrete, die die ohnehin bescheidenen Bankenregulierungen seines Vorgängers wieder komplett außer Kraft setzen. Was bei einem Kabinett, in dem allein sechs ehemalige Top-Investmentbanker sitzen, auch keine wirkliche Überraschung ist.

Selbst wenn sie es wollten, hätten die Europäische Zentralbank (EZB) und die US-amerikanische Federal Reserve Bank inzwischen Schwierigkeiten, die von ihnen ausgelöste Geldflut wieder einzudämmen. Unvorstellbare 1,5 Billionen Euro haben die Notenbanken der Euroländer mit ihren fragwürdigen und wirkungslosen Aufkaufprogrammen in die Märkte gepumpt. Das ist monetäre Planwirtschaft in Reinkultur. Sie führt jede Logik normaler Finanzmärkte ad absurdum.

Derweil werden die Geschäftsbanken das Geld, das sie in Frankfurt für null Prozent bekommen, nach wie vor nicht als Investitionskredite bei Unternehmen los. Denn wer investiert schon, wenn er fürchten muss, seine Produkte nicht loszuwerden. Weil es nur bei ihm Geld regnet, aber nicht bei seinen Kunden bzw. bei den Verbrauchern. Weswegen die ersten Banken Bargeld schon wieder wie zu Opas Zeiten in Safes stopfen. Und andere es ungebrochen in spekulative Zockereien an den Finanz- und Immobilienmärkten stecken.

Während wir diese Zeilen schreiben, reden »die Gläubiger« (EZB, Banken, IWF) wieder einmal mit Griechenland. Wieder sollen Beobachter nachschauen, ob die dortige Regierung auch artig alle angemahnten »Reformen« umsetzt. Dabei ist allen klar, dass das Land ökonomisch ausgeblutet, das griechische Volk am Ende seiner Leidensfähigkeit angekommen und der griechische Staat heute so pleite ist wie beim Euro-Beitritt vor 16 Jahren. Dass 92 Prozent der »Rettungsgelder« gar nicht in Griechenland gelandet sind, sondern bei ausländischen Banken, die glaubten, einem bereits bankrotten Land unter dem Schirm des Euro risikolos weiteres Geld leihen zu können. Dass dafür trotzdem Europas Steuerzahler bürgen, die keinen Cent dieser »griechischen« Schulden je wiedersehen werden. Auf der Hand liegt auch, dass man den Offenbarungseid letztmalig nur noch bis zum Ende des europäischen Superwahljahres 2017 verschieben kann.

Italien ist mit einer Staatsverschuldung von 137 Prozent des BIP ebenfalls nachweislich bankrott. Die Arbeitslosenquote im Land ist die höchste seit Beginn der Datenerhebungen im Jahr 1977, die Industrieproduktion liegt auf dem Niveau von 1985. Dennoch kann sich der Staat dank europäischer Niedrigzinspolitik weiter mit frischem Geld zu Minizinsen versorgen. Anders als Griechenland sogar nach wie vor an den Kapitalmärkten. Das ist volkswirtschaftlicher Irrsinn.

Gleichzeitig enteignet die EZB mit ihrer wahnwitzigen Notenbankpolitik die Sparer. Sei es in Form von Nullzinsen beim Sparkonto, sei es auf dem Umweg über den dramatischen Renditeschwund bei Staatsanleihen, Lebensversicherungen und anderen einst »mündelsicheren« Anlageformen. Was sich da in Luft auflöst? Die Altersrücklagen von ein bis zwei Generationen!

Ebenso treiben Nullzinsen – die uns noch lange erhalten bleiben werden – die vergleichsweise solide wirtschaftenden Genossenschaftsbanken und Sparkassen schleichend in den Ruin. Viele Kommunen müssen bluten, weil ihre tagesaktuellen Bankeinlagen meist so hoch sind, dass für sie Negativzinsen fällig werden. Erfolgreiche Unternehmen, die Teile ihrer Erlöse für künftige Investitionen zurücklegen wollen, werden ebenfalls mit Negativzinsen bestraft. Firmen, die eigentlich bankrottgehen müssten, stützt die EZB, indem sie inzwischen sogar Unternehmensanleihen aus Krisenstaaten aufkauft.

Fazit: Unser Wirtschafts-, Geld- und Finanzsystem ist nachhaltig krank, und es gibt keine Aussicht auf wirkliche Besserung.

Trotz Billionen an Euros und Dollars, trotz neuer Gesetze und vieler Krisengipfel wurden die Probleme nicht im Geringsten gelöst, sondern lediglich in die Zukunft verschoben.

Durch ein Übergewicht an Macht bei global agierenden Konzernen, Banken und Lobbyorganisationen ist das ganze System in eine bedrohliche Schieflage geraten. Der freie Markt wurde abserviert, einige wenige bestimmen, wo es langgeht. Manche Firmen sind inzwischen mächtiger als Staaten und genießen Privilegien, von denen andere Unternehmen, geschweige denn die Steuerzahler oder die Verbraucher, nur träumen können. Ganze zehn Konzerne – u. a. Nestlé, der US-Fleischriese Tyson Foods, Mars, Kraft Heinz, Unilever und Danone – beherrschen den weltweiten Lebensmittelmarkt. 10 Prozent der weltweit gelisteten Aktiengesellschaften erwirtschaften 80 Prozent aller Gewinne. Und die 100 größten Unternehmen der USA tragen 46 Prozent zum Bruttosozialprodukt des Landes bei.

Warum das ein Problem ist? Nicht, weil diese Firmen oder deren Eigentümer zu »reich« wären. Es ist ein Problem, weil diese wenigen schlicht nicht mehr wissen, wie sie ihre Berge von Geld sinnvoll in reale wirtschaftliche Aktivitäten, in echte Innovationen investieren sollen. Bildlich gesprochen: Was würde passieren, wenn alle Flüsse eines Kontinents in nur drei oder vier Stauseen eingeleitet würden?

Kürzlich habe ich (MF) aus Spaß in einem exakt hundert Jahre alten Buch geblättert: *Der Imperialismus als höchstes Stadium des Kapitalismus* von einem gewissen Wladimir Iljitsch Lenin. Klar:

Die Zahlen und Namen stimmen alle nicht mehr. Die »Imperialisten« haben auch keine Kolonien mehr, die sie ganz ohne Umwege ausplündern können. Und Lenins politische Schlussfolgerungen wird man ohnehin nicht teilen wollen. Aber seine Diagnosen, die könnte man mühelos aktualisieren.

Ein Hauptirrtum ist, zu meinen, Geld an sich wäre ein Wert. Aber Geld hat *überhaupt keinen* Wert. Wert haben nur Güter und Dienstleistungen. Da wir ständig aufs Geld starren, schieben wir einen Geldstau, einen virtuellen Liquiditäts-See vor uns her, bei dem wir so tun, als ob er real wäre. Das offenbart jede Finanzblase, bei der mit betrügerischen Manipulationen Illusionswerte generiert werden, die die Menschen dann als reale Werte betrachten. Und was passiert, wenn alle Menschen gleichzeitig an ihr Geld heranwollen? Das System bricht zusammen.

Mehr noch: Die Finanzkrise selbst war eine einzige Illusion. In Wirklichkeit handelte es sich schlicht um Kreditbetrug! Man lieh Menschen Geld für Ramschimmobilien, die sie sich nicht leisten konnten. Diese faulen Kredite wurden – zusammen mit ein paar werthaltigen – in faule Papiere für reiche Anleger und dumme Bankmanager umgetütet. Als sie geplatzt waren, machte man aus einem Kreditbetrug eine »Finanzkrise« – und flugs wurden aus Tätern Opfer. Jeder Metzger, der frisches mit vergammeltem Hack mischen würde, käme geradewegs ins Gefängnis. Wenn das aber mit Geld, mit »verbrieften« Papieren bewerkstelligt wird, dann darf der Staat einspringen, um angeblich »systemrelevante« Banken vor dem Bankrott zu retten.

Die bedrängte Mittelschicht:
Abschied vom Peter-Prinzip

Kurzfristige Krisendiagnose ist das eine. Etwas anderes ist die Frage, welche langfristigen Entwicklungen sich dahinter abspielen. Und worin die neue Attraktivität einfacher Antworten und sich autoritär gebärdender »Anführer« gründet. Die Amerikaner haben ja Donald Trump nicht gewählt, weil sie mehrheitlich fänden, dass der Kohlebergbau in Virginia Amerikas Zukunft sei. Und ebenso wenig treiben allein schon die Programme der EZB zum Aufkauf von Staatsanleihen die französischen Wähler in die Arme von Marine Le Pen.

Im Kern steckt hinter solchen und ähnlichen Phänomenen unseres Erachtens etwas viel Grundsätzlicheres: Die »nivellierte Mittelstandsgesellschaft«, die der Soziologe Helmut Schelsky 1953 mehr beschwor als beschrieb, sie ist in den letzten Dekaden gewaltig ins Rutschen gekommen. Aber was meint das?

Konservative Traditionalisten mögen mit diesem Begriff eher eine Reihe von lebensweltlichen Sinnbildern verbinden. Die klassische Familie aus Vater, Mutter und zwei bis drei Kindern. Er Alleinverdiener, sie Hausfrau. Das Einfamilienhaus mit Vorgarten am Stadtrand. Der gepflegte, aber nicht protzige Mittelklassewagen. Sommerurlaub im Süden, Weihnachtstage bei den Großeltern. Gemeinsames Abendbrot um sieben, Braten mit Klößen am Sonntag. Beliebte Fernsehsendungen hießen nicht umsonst »Einer wird gewinnen« oder »Der Große Preis«. Denn die Kinder sollten es einmal »besser haben als wir«. Das Problem dieser sentimentalischen Mittelschicht: Selbst diejenigen, die von ihr träumen, wissen, dass so heute kaum noch jemand lebt.

Die Mittelschicht der Soziologen und Volkswirte hilft allerdings auch nicht weiter. Definiert man sie über das sogenannte Medianeinkommen, dann ist die Mittelschicht seit Jahrzehnten stabil – und zwar mehr oder weniger in allen westlichen Industrienationen. Dies ist der Betrag, bei dem sich die obere und die untere Hälfte aller Einkommen exakt teilen, derzeit sind das 1 640 Euro netto bei Singles, 3 440 Euro bei einem Paar mit zwei Kindern. Bei einem Einkommen von 80 bis 150 Prozent des Medianeinkommens gehören 50 Prozent aller Menschen zur Mittelschicht. Geht man bis zu 250 Prozent des Medianeinkommens (8 600 Euro netto für eine vierköpfige Familie), sind es vier von fünf. Mit Einzelbefunden – etwa den vergleichsweise moderaten Kaffeepreisen in Treffpunkten der Berliner »Kreativszene« oder den für viele Normalverdiener unerschwinglichen Mieten im gesamten Stadtgebiet Frankfurts oder Münchens – lässt sich dieser Befund wahlweise ein wenig aufhellen oder dramatisieren.

Schwarzmalerei in puncto Mittelschicht funktioniert am besten, wenn man die farblich schrillsten Ausbrüche nach oben als Kontraste setzt. Noch vor 20 Jahren verdiente ein Konzernchef im Schnitt das 45-fache eines durchschnittlichen Angestellten. Heute kassiert er 130-mal so viel wie seine Buchhalter. Der Studie *Global Wage* zufolge, welche die Internationale Arbeitsorganisation (ILO) regelmäßig veröffentlicht, verdienen die 10 Prozent der höchstbezahlten Topverdiener derzeit fast so viel wie die untere Hälfte der Arbeitnehmer. Das mag man entsetzlich ungerecht oder auch einfach nur unnötig finden. Am Ende liegt die Sache nicht anders als bei jenem Zehntel der AGs, die 80 Prozent aller Gewinne erwirtschaften: Hier hat eine Handvoll überbezahlter Funktionsträger so viel Geld, dass sie nicht wissen, wohin damit. Weshalb sie es gleichfalls als Spielgeld für andere zur Bank tragen müssen.

Unser Eindruck: Mit derlei Zahlenspielereien landet man meist nur bei akademisch aufgerüsteten Vergleichen aus der Abteilung »mein Auto, mein Haus, mein Boot«. Nach diesem Muster hätten die ersten »Protestwähler« nur Angst um ihr Auto, die letzten schließlich auch Angst um ihr Boot. Schauen wir lieber kurz hinter den Schleier des rein Materiellen. Da müssen unserer Meinung nach die Fragen eher lauten: Was waren die zentralen Versprechen an die Mittelschicht der Nachkriegsgesellschaft? Und: Gelten sie immer noch uneingeschränkt?

Erstes Versprechen: Sozialer Aufstieg ist möglich. Für jeden. Und sowohl mehr Fleiß als auch mehr Bildung ermöglichen diesen Aufstieg nicht nur, sie garantieren ihn beinahe. Wer fleißig arbeitet und sich regelmäßig weiterbildet, kann individuell aufsteigen: im Gehaltsgefüge, in den tief gestaffelten Unternehmens- oder Behördenhierarchien, schließlich auch im sozialen Status. Und wer möglichst große Teile seiner Wohlstandsgewinne in die Bildung seiner Kinder investiert, wird die nächste Generation in die nächsthöhere Umlaufbahn befördern. Dessen Kindern wird es tatsächlich »besser gehen«.

Zweites Versprechen: Sozialer Aufstieg ist endlich, aber im Prinzip eine Einbahnstraße. Solange einem nicht äußere Schicksalsschläge oder selbst verschuldetes Scheitern einen Strich durch die Rechnung machen, bleiben einmal erreichte Einkommensniveaus, einmal erreichte Positionen, ein einmal erreichter Status erhalten. Anders gesagt: Nach wie vor kommen nur sehr wenige ganz nach oben, in der Mitte sind dafür reichlich Pöstchen zu verteilen, und nur wenige fallen auf der Karriereleiter wieder runter. Die bekannteste Managementregel dieser Epoche war das Peter-Prinzip: In jeder Hierarchie wird jeder bis zur Stufe seiner persönlichen Unfähigkeit befördert. Und da bleibt er dann auch – darin liegt der eigentliche, wenn auch nicht explizit formulierte Reiz des Prinzips.

Drittes Versprechen: Der moderne Kapitalismus erfindet nicht nur ständig tolle neue Dinge, sondern auch ständig tolle neue Jobs! Vorzugsweise für Trägerinnen und Träger weißer Kragen gab es daher überreiche Karriereoptionen. Zum einen in den Verwaltungen der Unternehmen selbst, die immer mehr Personal zur organisatorischen und finanziellen Steuerung brauchten. Zum zweiten im noch stärker explodierenden Bereich der sogenannten »wirtschaftsnahen Dienstleistungen« (Ingenieurbüros, Werbeagenturen, Rechtsanwaltskanzleien, Wirtschaftsprüfer, Unternehmensberatungen). Und zum Dritten in einem lange Zeit kräftig wachsenden Staatssektor.

Viertes Versprechen: Spielregeln und Spieltechnik mögen sich bisweilen ändern, die Sportart wechseln muss aber niemand. Wer einen bestimmten Beruf erlernt hat, der wird diesen Beruf sein Leben lang ausüben – häufig sogar in der gleichen Firma. Die wird nach vierzig Jahren übrigens auch immer noch so heißen wie damals. Jeder sollte seine fachlichen Qualifikationen laufend erweitern. Wer bereit und fähig ist mehr Verantwortung zu tragen, der wird auch mehr Kompetenzen bekommen. Aber auf seiner Gehaltsabrechnung oder seiner Visitenkarte werden sich nur die Titelbezeichnungen *vor* der Berufsbezeichnung ändern. Schließlich: Solcherart Aufstieg gibt es nicht nur für Ingenieure oder Manager, sondern auch für Facharbeiter. Für ursprünglich nur Angelernte. Nicht nur in Konzernen. Sondern auch bei der Stadtreinigung.

Alle vier Versprechen an die Mittelstandsgesellschaft wurden und werden weiterhin Schritt für Schritt kassiert.

- Durch den technischen Fortschritt, vor allem durch die Digitalisierung nunmehr aller Tätigkeitsbereiche. Nicht zuletzt vieler administrativer Funktionen, von denen wir jahrzehntelang glaubten, nur menschliche »Entscheidungsträger« seien in der Lage sie auszufüllen.
- Durch die nach wie vor ungebremst zunehmende Geschwindigkeit dieses technischen Fortschritts, dank derer die Idee vom halbwegs bruchlosen »Arbeitsleben« längst zur puren Illusion verkommen ist.
- Durch den ökonomisch wie technisch erzwungenen Trend zu flachen Hierarchien, temporären Teams und Myriaden externer Dienstleister auf Abruf.

– Und schließlich durch teils sinnvolle, teils auch nur finanz-
politisch erzwungene Schlankheitskuren im öffentlichen
Dienst.

Bei alldem geht es nicht nur darum, dass Tempo und Ausmaß des
technischen und gesellschaftlichen Fortschritts allmählich den Er-
lebnishunger und die Verarbeitungsgeschwindigkeit eines durchschnittlichen Menschenlebens übersteigen könnten. Weit mehr
geht es darum, dass höheres Tempo ein sehr viel größeres Maß an
Sicherheit braucht.

Die allerersten Autos kamen noch ohne Windschutzscheibe
aus. Jenseits der 80 PS oder der 100 Stundenkilometer brauchte
es die Gurtpflicht. Heute gehören Airbag, ABS und Navi zur Se-
rienausstattung jedes normalen Mittelklassewagens. Kann sein,
dass alle Autos sich schon bald selbst steuern. Um das tun zu können, braucht es viel intelligente Technik. Weit mehr und weit intel-
ligentere Technik wird es brauchen, um die Autos bei ihrem Treiben zu kontrollieren.

Man könnte die Idee eines Bedingungslosen Grundeinkommens daher auch mal so denken: Als unfallsichere Fahrgastzelle
und Auslaufzone unseres globalen Formel-1-Wirtschaftssystems.
In dieser seltsamen Sportart sind die Sportgeräte heute um ein
Vielfaches leistungsfähiger als vor 30 Jahren. Die Unfälle sehen
nicht weniger dramatisch aus, eher im Gegenteil. Aber *tödliche*
Unfälle gibt es kaum noch. Fast immer klettern die Fahrer danach
unverletzt aus den Trümmern ihrer Boliden.

Industrie 4.0: »Arbeitsplätze« als Ausnahme

»Unsere Mitarbeiter sind unser größtes Kapital.« Diese blumige Floskel darf in Unternehmensleitsätzen oder *Mission Statements* nach wie vor nicht fehlen. Und die ursprüngliche Idee hinter dem Begriff »Humankapital« war ja auch sehr vernünftig: Weg von einer betriebswirtschaftlichen Verengung auf Personalkosten, hin zu sinnvoller Bewertung, Planung und Förderung der intellektuellen Ressourcen von Unternehmen. Wissen, Urteilsvermögen, Know-how, Erfahrung, Beherrschung von Prozessen, Handwerk, Geschick – all dies steckt ausschließlich in den Köpfen von Menschen. Ein Unternehmen mag dokumentieren oder patentieren, so viel es will. Auf die Straße können das intellektuelle Kapital am Ende immer nur Mitarbeiter bringen. Maschinen ersetzen Körperkraft. Hirn bleibt exklusiv human. So die Idee.

Die Erfahrung, Muskeln durch Mechanik zu unterstützen, gar zu ersetzen, ist uralt. Schon die Babylonier betrieben vermutlich Windmühlen. Im 4. Jahrhundert v. u. Z. erfanden die Griechen das Schöpfrad, wenig später die Römer die Hubkolbenpumpe. Als Englands Bergarbeiter mit ihren Handpumpen der Wassereinbrüche in zunehmend tieferen Schächten nicht mehr Herr werden konnten, hat Thomas Newcomen 1712 die Dampfmaschine erfunden. Seitdem war es das große Projekt der industriellen Revolution, erst alle Bauern zu Industriearbeitern zu machen – und diesen dann Stück für Stück die Arbeit wieder wegzunehmen.

Über einen langen Zeitraum hinweg haben größere, leistungsstärkere Maschinen lediglich ältere Maschinen ersetzt. Gesteuert wurden sie jedoch immer von Menschen. Erste Industrieroboter wurden in den 1950er-Jahren entwickelt. In den 1970er-Jahren traten sie ihren Siegeszug an. Erst in der Automobilindustrie, dann im gesamten produzierenden Gewerbe. Wo immer etwas bewegt, gestapelt oder verpackt werden muss, wo gesägt, gewalzt, gefräst, gestanzt, geschweißt, geschliffen oder lackiert wird – immer öfter steuern keine Menschen die Maschinen, sondern Maschinen. Das nennt sich: programmierbare Steuerungstechnik. Sehr vereinfacht gesagt: Nur noch wenige Experten müssen den Maschinen sagen, was sie zu tun haben. Den Rest erledigen diese selbst.

Das war vor allem eine schlechte Nachricht für Menschen ohne oder mit nur geringer beruflicher Qualifikation. Denn die hatten bislang die genormten Arbeiten entweder von Hand verrichtet oder »dumme« Maschinen bedient. Noch zu Beginn der 1980er-Jahre stellten Mitarbeiter ohne Berufsausbildung im Schnitt ein gutes Drittel der Beschäftigten. In manchen Industriezweigen, etwa der Produktion von Kühlschränken oder Fernsehern, waren es sogar bis zu zwei Drittel.

Heute werden solche Produkte hierzulande nicht einmal mehr hergestellt. Die Entwicklung spiegeln Statistiken wider. Gerade noch 12 Prozent der sozialversicherungspflichtig Beschäftigten in Deutschland verfügen heutzutage über keine anerkannte Berufsausbildung. Umgekehrt steigt die Akademikerquote. Etwa in der Metall- und Elektroindustrie: Hier hatten 2015 15,4 Prozent der

Beschäftigten einen Hochschulabschluss. Die Elektroindustrie ist mit 23,2 Prozent Spitzenreiter.

Was sich derzeit unter dem Modebegriff »Industrie 4.0« abspielt, ist die Fortsetzung dieser Entwicklung. Der Weg geht von der sich selbst steuernden Maschine zum vernetzten, sich weitgehend selbst steuernden Produktionsprozess. Verbesserte, zunehmend »intelligente« Sensoren und sensiblere Mechanik machen es möglich, dass Maschinen und Anlagen nicht nur vordefinierte Prozesse autonom abarbeiten, sondern Daten und Informationen eigenständig sammeln und auswerten können. Die Maschine wird lernfähig. Sie ist selbst in der Lage, Normabweichungen und damit mögliche Fehler beziehungsweise Störungen zu diagnostizieren und dann zu entscheiden, ob sie dementsprechend nachsteuern kann oder ob Menschen eingreifen müssen.

Ebenso werden Maschinen mit vor- und nachgeordneten Prozessen vernetzt. Ergebnis: Anlagen, die benötigte Materialien oder Vorprodukte eigenständig am Lager abrufen. Die erkennen, wann etwas nachbestellt werden muss. Die sich dann aber nicht beim Einkauf melden, sondern direkt beim Lieferanten. Und die große Teile der Logistikkette am anderen Ende der Produktion (Warenlager, Verpackung, Auslieferung) entweder automatisch mit Informationen versorgen oder gleich selbst organisieren.

Im Zuge dieser Entwicklung werden Produktionsanlagen so viel Daten sammeln, dass sie daraus aufbereitete, ausgewertete und verständlich visualisierte Informationen liefern. Dass Maschinen, simpel gesagt, Menschen Vorschläge machen. Womit sie sogar bis in die Produktentwicklung »hineinregieren« können. Am Ende wird es so sein, dass »Konfiguratoren« im Internet keine Spielereien mehr sind, sondern feste Bestandteile der Fertigungsprozesse. Etwa könnten Sie dann aus Hunderten von Ausstattungsvarianten Ihr maßgeschneidertes Sofa oder Auto zusammenstellen und direkt beim Hersteller in Auftrag geben. Nur noch in Zweifelsfällen würde sich bei Ihnen ein Berater aus Fleisch und Blut melden.

Es liegt auf der Hand, dass diese Veränderungen nicht nur Millionen Jobs in der unmittelbaren Produktion pulverisieren, sondern dass sie kaum weniger Aufgaben in Verwaltung und Vertrieb überflüssig machen werden. Derzeit erscheinen beinahe im Wochentakt Studien, wie viele Jobs die »Industrie 4.0« vernichten wird. Wie viele es tatsächlich sein werden, lässt sich bisher nur vermuten. Weniger als ein Viertel wird es wohl kaum sein. Stellenabbau im Umfang von einem Drittel bis der Hälfte scheint durchaus realistisch. In manchen Bereichen der Massenproduktion von Standardverbrauchsgütern (z.B. Hausgeräte, Haushaltwaren oder Handys) müssen sich unter Umständen bis zu 80 Prozent der Mitarbeiter im Personalbüro melden. Heißt: bei einem der wenigen Leute in der Verwaltung, die die digitale Automatisierung von Prozessen dort noch übrig gelassen hat.

Alles keine guten Nachrichten für das verbliebene »Humankapital«. Also auch für die Mitarbeiter von heute, die wirklich etwas wissen und können. Denn entgegen aller Beteuerungen haben Mitarbeiter für Unternehmen im digitalen Zeitalter längst nicht solche Bedeutung wie deren Software. Und das ist keine Parole neoliberaler Nerds aus dem Silicon Valley. So denkt die Mehrheit der Chefs weltweit.

Laut einer Umfrage der Beratungsgesellschaft Korn Ferry Anfang des Jahres 2017 unter 800 Spitzenmanagern internationaler Großunternehmen sind für knapp zwei Drittel der Führungskräfte (64 Prozent) Menschen in erster Linie ein Kostenfaktor und kein Vermögenswert. 67 Prozent vertreten die Meinung, dass Technologie zukünftig mehr Ertrag schaffen werde als Humankapital. 44 Prozent gehen davon aus, dass Robotik, Automatisierung und Künstliche Intelligenz Menschen im Arbeitsleben der Zukunft »zum großen Teil« irrelevant werden lassen. Weitere 40 Prozent der Manager berichteten, seitens der Aktionäre unter Druck zu stehen, Mitarbeiter durch Maschinen zu ersetzen.

Digitalisierung jenseits der Werkstore

»Banking is necessary, banks are not.« Diese zutreffende Bemerkung von Bill Gates stammt aus dem Jahre 1994. Wer heute noch Bargeld am Schalter abheben oder mithilfe eines Bankangestellten eine Überweisung tätigen möchte, muss schon sehr gute Gründe vorbringen, wenn dafür keine Gebühr fällig werden soll. Kaum hatten sich die Deutschen an Geldautomaten, Bank- und Kreditkarten gewöhnt, kam das nächste große Ding. Laut einer Studie des Verbandes Bitkom nutzen inzwischen 70 Prozent aller

Deutschen Onlinebanking. 30 Prozent verwalten so ausschließlich ihren Zahlungsverkehr. Derzeit regen sich Mitarbeiter und Kunden noch auf, wenn eine Großbank Filialschließungen in großem Maßstab ankündigt. Dabei lautet die viel spannendere Frage, ob es in zehn Jahren überhaupt noch Bankfilialen geben wird.

Unternehmen wie die eBay-Abspaltung PayPal oder die Telekom-Tochter ClickandBuy drohen traditionelle Banken und Sparkassen aus dem Geschäft der Online-Bezahlsysteme zu verdrängen. Der Finanzdienstleister Western Union, der früher auf den weltweiten Umtausch von physischem Bargeld spezialisiert war, drängt ebenfalls mit Wucht in diesen Markt. Statt an »Bankberater«, die sowieso am liebsten hauseigene Produkte verticken, wendet man sich heute besser an Vergleichsportale im Internet, um sich über Kreditangebote oder Versicherungen zu informieren.

Mehr noch: Zukünftig werden wir uns immer seltener Geld bei einer klassischen Bank leihen. Wer Investoren für seine neue Geschäftsidee sucht, findet inzwischen im Crowdfunding eine echte Alternative. Dort befinden nämlich keine argwöhnischen Rechenknechte, ob sie an Ihre Idee glauben, sondern ganz normale Mitmenschen. Ebenso können über entsprechende Portale Menschen, die Sie nie in Ihrem Leben kennenlernen werden, mithilfe eines Rechenzentrums darüber entscheiden, ob (und zu welchem Zinssatz) sie 5000 Euro für Ihre neue Couchgarnitur zusammenlegen wollen. Auch wer regelmäßig Aktien kauft oder verkauft, ist selbst schuld, wenn er dafür noch seine Hausbank besucht.

Keine Frage: Derzeit sind Banken noch sehr mächtig. Viel zu mächtig. Die Mächtigsten der Branche sind bilanziell gesehen auch immer noch sehr groß. Viel zu groß. Gleichwohl könnten Konzerne wie etwa Apple oder Google ohne größere Probleme die eine oder andere Bank aus der Portokasse erwerben. Beide Firmen besitzen zudem seit Jahren selbst eine Vollbanklizenz. Warum sie in das Geschäft nicht einsteigen? Weil es »Old Economy« ist. Sprich: Weil es letztlich auf einem überalterten Geschäftsmodell beruht.

Weil Apple, Google, Facebook & Co. inzwischen so unglaublich viel über ihre Kunden und deren Zahlungsverkehr wissen, dass es für sie eher langweilig wäre, diese auch noch mit virtuellen Dollars oder Euros versorgen zu wollen. Weil mit eBay/PayPal und Apple Pay die neuen Big Player längst am Markt sind. Und weil es in ihren Augen auch noch längst nicht ausgemacht ist, ob autonome Kryptowährungen wie Bitcoin nicht doch irgendwann das klassische Geldsystem aus Zentral- und Geschäftsbanken ablösen könnten. Wir sagen nicht, dass uns das gefällt. Im Gegenteil: Die Vorstellung, dass Google eines Tages zur virtuellen Zentralbank des Planeten werden könnte, treibt uns eher den kalten Schweiß auf die Stirn. Woraus aber nur folgt, dass man diese Möglichkeit erst recht auf dem Schirm haben muss.

Auch im Investmentbanking übernehmen heute schon immer mehr die Rechner das Kommando. Selbstlernende Systeme sind keine Science-Fiction, sondern Realität. Der Investmentbanker der Zukunft hat keinen »Master of Business Administration«

(MBA) mehr, sondern einen Doktortitel in Mathematik oder Physik. Und er sagt ebenso hochqualifizierten Programmierern, nach welchen eiskalten Parametern ein Netzwerk aus Hochleistungsrechnern Entscheidungen treffen soll. Ziel: Entscheidungsprozesse weitgehend zu automatisieren und menschliche Emotionalität auszumerzen.

Der japanische Hedgefonds Nomura Simplex Equity Futures Strategy Fund setzt Technologien aus dem Bereich der Künstlichen Intelligenz bereits erfolgreich ein. Seine Hochleistungssysteme schlagen Menschen in puncto Performance. Und das in einem Bereich, dessen extrem hohe Risiken bislang als stärkstes Argument für den Einsatz von »Wetware« (menschlichem Verstand, Intuition, Erfahrung) galten.

Die Versicherungsbranche steht ebenfalls vor gewaltigen Umwälzungen. Nicht allein Versicherungsvertreter und Makler sind Auslaufmodelle. Vor allem im Innendienst werden Automatisierung und Künstliche Intelligenz durchschnittlich bis gut qualifizierte Mitarbeiter überflüssig machen. Beispiele: Risikobewertung oder Schadensanalyse. Die reine Rechenarbeit machen hier schon längst Computer. Aber die intelligenten Systeme der Zukunft werden eben auch selbst entscheiden, welche Daten sie für eine Analyse heranziehen. Wohlgemerkt aus einem bislang unvorstellbar riesigen Datenpool.

Wieder sagen wir nicht, dass uns das gefällt. Aber moderne Autos liefern schon heute so viele Daten, dass sich aus ihnen problemlos ableiten ließe, welcher einzelne Fahrer an welchem Wochentag zu welcher Stunde besonders lausig fährt. Oder welches selbst fahrende Modell beim rückwärts einparken die größten Macken hat. Es versteht sich von selbst, dass solche Systeme in Millisekunden Verträge und Schriftverkehr aus einem Pool von Textbausteinen generieren.

Ein anderes Auslaufmodell im Dienstleistungsbereich ist der Supermarkt, wie wir ihn kennen. Jedes Pfennigprodukt trägt heute einen Barcode. Darum kommen wir an der Kasse mit dem Einpacken kaum noch nach. In wenigen Jahren wird der letzte Barcode jedoch von einem RFID-Chip (Radio Frequency Identification) abgelöst sein. Der weiß zwar auch nicht mehr als der Barcode, aber er meldet sich selbst an der Kasse und bei der Lagerlogistik. Und das bedeutet: Es wird keine Kassiererinnen mehr geben. Sie schieben einfach ihren Einkaufswagen an einer kleinen Säule vorbei, fertig ist der Bon. So Sie noch mit Scheinen und Münzen zahlen wollen, müssen Sie mit dem Bon zur letzten verbliebenen Kasse gehen. Wenn Sie ein Restmisstrauen gegen automatisierte Abläufe hegen, dann zahlen Sie an einem Kartenterminal. Wenn nicht, dann wird die kleine Säule den Rechnungsbetrag über eine Handy-App direkt von ihrem Konto abbuchen.

Ladendiebstahl? Ein Eintrag in historischen Wörterbüchern – ebenso wie »Banküberfall«. Wer die Regale einräumt? Keine Ahnung, wie lange das noch Studenten oder Ein-Euro-Jobber machen werden. Sinnvoller wäre es allemal, wenn sich Mitarbeiter im Einzelhandel immer weniger aufs Schleppen und immer stärker auf die Kundenberatung konzentrieren würden. Vielleicht haben wir uns ja auch einfach zu lange an Regale und Verpackungen gewöhnt. Denn wo steht geschrieben, dass Nudeln in Paketen verkauft werden müssen? Genauso gut könnten sie individuell aus größeren Containern abgewogen werden, die sich zudem sehr viel leichter automatisiert befüllen ließen.

Ob wir künftig noch Menschen dafür bezahlen wollen, dass sie einen Teigling in einen Backautomaten schieben, uns einen Milchkaffee mixen oder einen Burger zusammenbauen, das wird sich weisen. Und ob wir wirklich in einer Welt leben wollen, in der Kühlschränke selbst entscheiden, was sie einkaufen und sich per Drohne anliefern lassen, ist ebenfalls alles andere als ausgemacht.

Dass U-Bahnen, S-Bahnen und Fernzüge bald keine Fahrer mehr brauchen – geschenkt. Flugzeuge ohne Pilot? Technisch kein großes Problem mehr. Vermutlich wird das aber unser Sicherheitsgefühl noch lange strapazieren. Und bis sich alle Autos wirklich zuverlässig selbst lenken, könnte auch der Individualverkehr, wie wir ihn kennen, bereits Geschichte sein.

Vom Journalismus (Wetterbericht, Sportnachrichten) über zahllose Standardaufgaben in Backoffice und öffentlicher Verwaltung bis hin zu nichtliterarischen Übersetzungen oder medizinischer Diagnostik – die Beispiele ließen sich beliebig vermehren, in denen vernetzte Rechner, Maschinen, Geräte oder Fahrzeuge aller Art künftig ihre Aufgaben ohne ständige menschliche Eingriffe verrichten. Dabei werden viele alte Jobs verschwinden – und immer weniger neue Jobs entstehen. Die neuen Jobs werden immer höhere Anforderungen an die Qualifikation der Menschen stellen. Und weil sich zugleich die Profile dieser Tätigkeiten immer schneller verändern, ist nicht nur die »Vollbeschäftigung« ein Märchen aus vergangenen Tagen; nicht nur der lebenslange Arbeitsplatz. Sondern jede mehr oder weniger routinierte Tätigkeit über einen Zeitraum von mehr als ein paar Jahren. In den USA betreibt heute bereits ein Viertel aller Beschäftigten Jobhopping. Und Arbeitnehmer halten eine einzelne Stelle im Schnitt nur noch viereinhalb Jahre lang.

Vom Berufsleben zum Leben voller Berufe

Aus der »Lebensarbeitszeit« wird eine lebenslange Lern- und Umorientierungszeit. Gewiss werden Menschen auch in Zukunft Neues im Job dazulernen. Aber erstens wird es den Job, mit dem sie ins Berufsleben gestartet sind, immer seltener auch noch geben, wenn sie in der Mitte oder am Ende ihrer Karriere stehen. Zweitens werden Lernphasen außerhalb des Berufes immer häufiger und immer länger werden. Ob Menschen dazu Firmenakademien besuchen oder neue Formen von Schulen und Hochschulen, ist eine nachrangige Frage. Drittens werden Menschen in ihrem Berufsleben aus den verschiedensten Gründen öfter »Atempausen« einlegen – etliche freiwillig, manche aber sicher auch unfreiwillig.

All das wird nur funktionieren, wenn wir ein Denken aufgeben, welches Einkommen zwingend an Arbeit koppelt. Es stammt aus einer längst versunkenen Zeit: jener nämlich, in der die allermeisten Menschen Selbstversorger gewesen sind. Wer nicht arbeitet, der soll auch nicht essen. In Agrargesellschaften ist das kein kategorischer Imperativ, sondern lediglich eine pragmatische Lebensregel. Aber in einer Wirtschaft, in der kein einziger Mensch mehr selbst herstellt, was er zum Leben braucht, ist die Regel purer Schwachsinn. In einer Wirtschaft hundertprozentiger Fremdversorgung braucht jeder erst einmal ein Einkommen, bevor er lernen und arbeiten kann. Erst recht, wenn Lernen und Arbeiten sich während des gesamten Lebens kontinuierlich abwechseln. Kurz: Die digitalisierte Industrie- und Dienstleistungsgesellschaft macht ein Bedingungsloses Grundeinkommen (BGE) nicht nur möglich. Sie wird ohne ein BGE überhaupt nicht mehr funktionieren.

Von der Ertrags- zur Konsumbesteuerung

Aus der längst versunkenen Zeit der Selbstversorgung stammt allerdings auch die Grundidee unseres Steuersystems: die der *Ertragsbesteuerung*. Der größte Teil aller Steuern, die wir zahlen, wird von den Geldbeträgen abgezogen, die wir als Lohn, Gehalt oder Vergütung für bestimmte *Leistungen* erhalten. Im Prinzip hat sich da gegenüber der Praxis des mittelalterlichen Zehnten nicht viel geändert.

Den »zehnten« Teil seiner Ernteerträge – oft war »der Staat«

auch damals freilich schon gieriger – musste der Bauer an den Grundherrn abführen. Der garantierte im Gegenzug polizeilichen oder militärischen Schutz und ein Minimum an Rechtssicherheit. Ebenso ließ er Straßen und andere Infrastruktureinrichtungen bauen. Alles klassische Gemeinschaftsaufgaben, die bis heute durch Steuern finanziert werden. Güter und Dienstleistungen auf dem Markt anzubieten, war für die Wirtschaft dieser Zeit dagegen eher ein Randphänomen. Steuern dann zu erheben, wenn Menschen Waren kaufen oder Arbeit anderer in Anspruch nehmen, hätte in dieser Welt der Selbstversorgung folglich wenig gebracht.

Umsatz-, Mehrwert- und Verbrauchssteuern funktionieren dafür umso besser in einer Wirtschaftsordnung, in der die Menschen sich nicht mehr überwiegend selbst versorgen. Sondern in der sie Güter für andere erzeugen und Dienstleistungen für andere erbringen. Kurz: in einer Ökonomie der *Fremdversorgung*. Dass wir praktisch nichts mehr selbst herstellen, sondern alles einkaufen müssen, ist historisch gesehen etwas ziemlich Neues. Aber wenn wir ausschließlich von den Gütern und Leistungen *anderer* leben, ist es wirtschaftlich wie sozial vollkommen kontraproduktiv, die *Erbringung* von Leistung zu besteuern. Was besteuert werden muss, ist die *Entnahme* von Leistung aus dem Wirtschaftskreislauf. Dazu muss man den Konsum besteuern – und sonst gar nichts. Wenden wir uns also als Nächstes der Frage zu, warum das so ist, und wie ein Steuersystem aussehen könnte, das genau dies erreicht.

*»Die Berechnung der Einkommenssteuer ist für einen Mathematiker
zu schwierig, dazu muss man Philosoph sein.«*
Albert Einstein

Alle Steuern abschaffen – bis auf eine

*Warum die Aufgaben der Gesellschaft ausschließlich aus
einer Mehrwertsteuer 2.0 finanziert werden sollten*

Steuern sind eine erlaubte Form von Raub. Das hat der angebliche
Erfinder dieser bis heute gerne zitierten Formel, der große scholas-
tische Theologe und Philosoph Thomas von Aquin (1225–1274),
zwar nie gesagt, aber das hindert weder Steuerberater daran, diese
Scheinweisheit auf ihren Webseiten zu zitieren. Noch verhindert
es, dass Steuerzahler sie als Rechtfertigung für jegliche Art von
»Steueroptimierung« missbrauchen.

Um seine Steuerlast zu senken, wie es so schön heißt, gibt es
in den vorherrschenden Systemen der Einkommensbesteuerung
drei Arten von Strategien: legale, trickreiche und kriminelle.

Das Ausmaß offen krimineller Steuerhinterziehung lässt
sich naturgemäß schwer abschätzen. Verschiedenen Studien zufolge werden dem bundesdeutschen Fiskus durch bewusstes Ver-
schweigen von Einkünften zwischen 40 und 60 Milliarden Euro
im Jahr vorenthalten. Bei der Einkommen- und Körperschaft-

steuer, so wird geschätzt, sind es bis zu 30 Milliarden jährlich. Bei der Mehrwertsteuer könnten es weitere 20 bis 25 Milliarden sein. Wobei Betrügereien (»Brauchen Sie eine Rechnung?«) hier naturgemäß nur Gewerbetreibenden sowie – in gewissen Grenzen – Vermietern möglich sind. Nicht dem Endkunden an der Kasse, wohl aber den Auftraggebern von Schwarzarbeit.

Wie hoch auch immer man den Schaden schätzt: Angesichts von Steuereinnahmen in Höhe von rund 690 Milliarden Euro (im Jahr 2016) handelt es sich jedenfalls nicht um Kleckerbeträge. Eher sind da schon jene sechs Milliarden Euro ein Tropfen auf den heißen Stein, die der Fiskus seit 2010 nach Selbstanzeigen von rund 120 000 Steuerbetrügern einnehmen konnte, die – meist zu Recht – befürchtet hatten, dass ihre Daten auf diversen vom Staat erworbenen CDs mit in- und ausländischen Bankdaten gespeichert seien.

Wie fließend die Grenzen zwischen krimineller und kreativer Steuervermeidung sind, belegten zuletzt 2016 die sogenannten »Panama Papers«. Die dort ansässige Finanzfirma Mossack Fonseca betreibt für rund 15 000 Kunden weit über 200 000 Briefkastenfirmen in 21 Steueroasen rund um den Globus. Der Kundenkreis reicht vom Drogenboss bis zum Staatsoberhaupt, vom saudischen Ölkonzern bis zur deutschen Bundesdruckerei. Wer über größere Geldsummen verfügt, so musste die Öffentlichkeit schließen, mogelt mehr oder weniger große Teile davon an den Finanzämtern vorbei. Dabei spielt es, so der zweite Eindruck, auch keine Rolle, ob dieses Geld halbwegs redlich verdient oder ergaunert wurde.

Kleiner Trost für die Deutschen: Während osteuropäische Autokraten, französische Nationalisten, spanische Minister oder US-amerikanische Stiftungen reihenweise in den Skandal verwickelt sind, fand sich nur *ein* ehemaliger Landespolitiker in dem 2,6 Terabyte großen Datensatz. Dafür haben 28 deutsche Banken, darunter sechs der sieben größten Geldhäuser, mehrere Tausend deutsche Privatkunden an Mossack Fonseca vermittelt. Mit Maklerdiensten für insgesamt 1200 Briefkastenfirmen spielen die deutschen Banker freilich eher in der Kreisklasse. Die britische Großbank Hongkong and Shanghai Banking Corporation Holdings PLC (HSBC) brachte es allein auf 2300 Offshorekonten bei Mossack Fonseca, die Banque Internationale à Luxembourg auf über 1600.

Das Grundproblem ist leider immer das Gleiche: Menschen sind standorttreue Lebewesen. Sie wechseln zwar häufiger als früher das Finanzamtsrevier, die Biosphäre ihrer nationalen Finanzministerien aber eher selten. Ebenso wenig lassen sich Fabriken über Nacht von Stuttgart nach Shanghai verlagern – und schon gar nicht auf malerische kleine Inseln wie Aruba, Jersey oder Vanuatu.

Ganz anders verhält es sich mit Geld. Während es illegal wenigstens noch händisch in Aktenkoffern verschoben werden muss, lässt es sich legal und halb legal in Sekundenbruchteilen an jeden beliebigen Ort der Welt transferieren. Denn 98 von 100 um den Erdball schwirrenden Dollars, Euros, Yen und Yuan bestehen heutzutage nicht aus Metall oder Papier, sondern aus virtuellen Nullen und Einsen.

Weshalb sich denn auch niemand wundern muss, wenn deutsche Firmen – je nach Studie und Berechnungsmethode – bis zu 100 Milliarden Euro Gewinne pro Jahr in Steuerparadiesen parken. Wenn allein ein Konzern wie Apple dort 180 Milliarden Dollar versteckt. Wenn IKEA zwar 2,5 Milliarden Euro Gewinn machen kann, diesen aber in Luxemburg, dank des ehemaligen Premier- und Finanzministers Jean-Claude Juncker, zu einem Satz von nur 0,002 Prozent versteuern darf; oder wenn nach Schätzungen des *Tax Justice Network* Privatpersonen Finanzvermögen in Höhe von 21 bis 32 Billionen (!) Dollar in Steueroasen anlegen – was in etwa der Wirtschaftsleistung der USA und Japans zusammengenommen entspricht.

Steuern, noch mal überdacht

Solche Zahlen haben wir (MF/MW) in allen unseren bisherigen Büchern ausgebreitet. Und wir haben auch viel Druckerschwärze verbraucht, um harsch zu kritisieren, wie sich Superreiche und Großkonzerne aller Länder vereinigen, um die Staaten, in denen ihre Wohn- und Firmensitze liegen, bei der Steuer nach besten Kräften zu hintergehen. Deswegen werden sich etliche unserer Leser wundern, wenn wir jetzt einräumen: Widerstand zwecklos!

Tatsache ist: Seit Jahrzehnten will man den Steueroasen das Quellwasser abgraben und alle Steuerschlupflöcher vernageln. Doch kaum haben sich Banken mit Alpenblick etwas genauer in die Bücher schauen lassen, schon sonnen sich ihre empfindsamen Kundeneinlagen an karibischen Stränden. Dafür schimpfen alle EU-Finanzminister laut auf die dortigen Zwergstaaten. Dass der luxemburgische Kollege das gleiche Geschäftsmodell fährt ... Ach ja, bedauerlich. Und was sind schon ein paar Inselchen im Ärmelkanal, wenn sich das Vereinigte Königreich 2019 nach dem Brexit voraussichtlich in die größte Steueroase der Erde verwandelt?

Unser (MF/MW) Zwischenfazit: Die Ausrottung der Schmeißfliege wäre ein unrealistisches und daher sinnloses Projekt. Genauso unsinnig ist die Hoffnung, eines Tages alle digitalisierten Dividenden und Konzerngewinne fair und korrekt zu besteuern. Oder die Hoffnung, das Steuerrecht international zu »harmonisieren«. Beides würde wohl nicht einmal dann gelingen, sollte es eines Tages, wie bei Orwell, nur noch die drei Machtblöcke Ozeanien, Eurasien und Ostasien geben.

Diese Einsicht war für uns freilich nur der erste Schritt. Es folgten Zweifel: Sollten wir nun etwa die Geldschneiderei der »Eliten« zähneknirschend tolerieren? Oder wäre es eher an der Zeit, sich zu fragen, ob die so überaus kreative Opposition »der Reichen« gegen eine Besteuerung vielleicht auch vernünftige Gründe hat? Um dann zu untersuchen, ob nicht die ganze Idee der Besteuerung von Einkommen, Gewinnen und Vermögen von gestern ist ...

Während wir anfingen über die »Steuerfrage« noch einmal ganz neu nachzudenken, lernten wir am Rande einer Veranstaltung Götz W. Werner kennen. Wir kamen in einen Diskussionsprozess über die von ihm vertretene Idee der Konsumsteuer. Darum mischen die folgenden Ausführungen beide Perspektiven: Ich (GWW) versuche – vor allem am Ende des Kapitels – meine zentralen Argumente für eine ausschließliche Besteuerung des Konsums darzulegen. Wie an anderen Stellen, bekenne ich auch hier, dass ich die meisten Einsichten zu diesem Thema meinem 2014 verstorbenen Freund und Berater Benediktus Hardorp verdanke. Wir (MF/MW) ergänzen die Darstellung um einige Fakten, Ausgangsfragen und Anmerkungen, die uns schließlich dazu geführt haben, den Argumenten zu folgen.

Warum es welche Steuern gibt – und was sie steuern

Zu Anfang hilft ja oft das Bömmel-Prinzip aus der *Feuerzangenbowle*: »Wat is'n Dampfmaschin? Da stelle mer uns ers' ma' janz dumm.« Also: Was kann ein Staat, was kann eine soziale Gemeinschaft denn überhaupt besteuern? Die Antwort in Kurzform: erstens Eigentum beziehungsweise Vermögen, zweitens Einkommen beziehungsweise Erträge – und drittens Ausgaben, das heißt: den Konsum der Menschen.

Gegenwärtig finanzieren wir unsere Gemeinschaftsaufgaben mittels einer undurchsichtigen Mischung von Steuerarten, die an verschiedenen Stellen in den Wirtschaftsprozess eingreifen. Außerdem mittels Sozialabgaben für die Kranken-, Renten- und Arbeitslosenversicherung, die im Prinzip zweckgebunden sind. Folgt man den aktuellen *Revenue Statistics* der OECD, dann verdanken sich die öffentlichen Einnahmen der Bundesrepublik Deutschland zu 31 Prozent der Besteuerung von Einkommen und Gewinnen, zu knapp 28 Prozent der Besteuerung des Verbrauchs, nur zu 2,6 Prozent der Besteuerung von Eigentum – und zu 38 Prozent den Sozialversicherungsbeiträgen. Letztere werden (abgesehen von den 2015 eingeführten Zusatzbeiträgen zur Krankenversicherung) hierzulande hälftig von Arbeitnehmern und Unternehmen abgeführt.

Die Besteuerung von Eigentum

Die Steuer auf Eigentumswerte beziehungsweise Vermögen ist die Mutter aller Steuern. Hier wird etwas Vorhandenes als solches, eine Substanz, besteuert. Zum Beispiel erhebt man die Fläche von Grund und Boden, den jemand besitzt. Damit fing in der Antike alles an – und bis heute ist uns dieses Vorgehen in Form der Grundsteuer erhalten geblieben.

Auch die Zahl und Größe der Häuser von Vermögenden, die Menge ihrer Sklaven oder Knechte, der Füllstand ihrer Goldtruhen und Schmuckkästen lässt sich feststellen. Diesem Eigentum (oder bestimmten Rechten, über derlei Eigentum zu verfügen) misst man einen Geldwert zu – und schon weiß man, wie »reich« jemand ist. Als Letztes setzt ein Gemeinwesen dann einen prozentualen Steuersatz fest, und die Vermögenden werden entsprechend zur Kasse gebeten.

Wohlgemerkt: nur sie! Wer – außer ein paar persönlichen Habseligkeiten – kein Eigentum besitzt, zahlt auch keine Steuern. Auf der Grundlage dieses Prinzips kamen zum Beispiel die alten Athener auf die Idee, dass nur freie Männer mit Grundbesitz Bürger mit allen sich daraus ergebenden Rechten und Pflichten sein könnten. Eben, weil nur sie Steuerzahler waren.

Im Königreich Preußen herrschte zwischen 1849 und 1918 ein Dreiklassenwahlrecht, bei dem das Stimmengewicht jedes Wählers nach seiner Steuerleistung abgestuft war. Übernommen hatte man dies vom Kommunalwahlrecht in der Rheinprovinz. Dort bestimmte zum Beispiel in Essen der Stahlmagnat Alfred Krupp allein ein Drittel der Mitglieder des Stadtrates.

Lange hat man bei der Besteuerung von Eigentum auch ein bisschen um die Ecke gedacht. So waren im Mittelalter Steuern wie etwa eine Dach- oder eine Fenstersteuer verbreitet. Wer ein großes Haus mit einer entsprechend großen Dachfläche oder mit vielen Fenstern hat, so die Idee, ist auch reicher, kann also höhere Steuern zahlen als jemand mit einer kleinen Hütte. Das Problem hierbei: Ein großes Haus mit vielen Fenstern hatte jemand in guten Zeiten gebaut. In schlechten Jahren blieb daher nur ein – wenig trickreicher – Weg, seine Steuerbelastung zu senken: Man mauerte ein paar Fenster zu.

Bis heute lässt sich eine vergleichbare Technik der Steueroptimierung in vielen Ländern des Südens bestaunen. Dort gelten Häuser oft erst als fertiggestellt (und damit als steuerpflichtig), wenn nicht mehr aufgestockt werden kann. Daher lässt man im obersten Geschoss die rohen Stahlstreben aus den Betonträgern ragen – bis zum Sankt-Nimmerleins-Tag.

Substanzbesteuerung funktioniert auch bei Geld und Kapital. Eine Vermögenssteuer wurde hierzulande bis 1996 erhoben, allerdings nur in den alten Bundesländern. Natürliche wie juristische Personen mussten von ihrem Nettovermögen (Immobilien, diverse Formen der Kapitalanlage, Wertgegenstände etc. minus Schulden) jährlich einen gewissen Prozentsatz ans Finanzamt abführen. Der Steuerfreibetrag lag zuletzt bei 120 000 D-Mark pro Familienmitglied, der Steuersatz bei 1 Prozent. Kapitalgesellschaften mussten jährlich 0,6 Prozent vom bilanzierten Nettovermögen abführen. In der Summe hat das den Finanzministern der Länder zuletzt rund neun Milliarden D-Mark eingebracht.

Trotz des eher geringen Aufkommens wird eine Wiedereinführung der Vermögenssteuer regelmäßig gefordert; über Freigrenzen und Steuersätze wird leidenschaftlich debattiert. Teilt man die privaten Haushalte in Deutschland in eine vermögende und eine weniger vermögende Hälfte, so besitzen die oberen 50 Prozent 97,5 Prozent aller Vermögenswerte. Die oberen zehn Prozent, die mehr als 468 000 Euro auf der hohen Kante haben, besitzen knapp 60 Prozent. Weit mehr als ein Drittel hat überhaupt kein Vermögen.

Allerdings: Ansprüche aus der gesetzlichen Rentenversicherung fließen da nicht mit ein. Rechnet man solche Anwartschaften hinzu, verliert das Bild stark an Dramatik. Dass Forderungen nach einer Vermögenssteuer für »Millionäre« oder »Superreiche« populär sind, wundert dennoch nicht. Zumal eine Steuer von fünf Prozent jährlich auf private Vermögen ab einer Million Euro vielleicht 20 bis 25 Milliarden abwerfen könnte.

Ein Grenzfall der Eigentumsbesteuerung ist diejenige von Erbschaften. Ihre Befürworter erklären sie gern zu einer Ertragssteuer. Schließlich könne ein Erbe ja plötzlich Dinge zu Geld machen, das er vorher nicht hatte. Also habe er ein zwar einmaliges, aber zusätzliches Einkommen. Das Argument, hier werde bereits besteuertes Vermögen und Einkommen abermals besteuert, zieht für sie ebenfalls nicht. Gewiss, der Erblasser habe zu Lebzeiten Einkommenssteuer bezahlt. Insofern sei das vererbte Vermögen bereits regelmäßig besteuert worden. Aber wie, bitte schön, unterscheide sich denn da ein Erbe vom Normalverdiener? Wenn der sein um die Steuer vermindertes Nettoeinkommen zum Supermarkt oder zur Tankstelle trägt, werde ja schließlich auch nochmals Mehrwert-, Energie- oder Tabaksteuer fällig. Folglich sei das Argument Quatsch – jedes Einkommen werde mehrfach besteuert.

Kritiker der Erbschaftssteuer, vor allem aus dem Lager der Familienunternehmer, argumentieren genau umgekehrt: In den meisten Fällen lasse sich da nämlich gar nichts zu Geld machen. Denn dieses stecke nicht in Tresoren, sondern in Gewerbeimmobilien, Maschinen, Anlagen und Lagerbeständen, in Patenten und Know-how – die man durch Versilberung de facto vernichten würde.

Dies war einer der Gründe, warum ich (GWW) 2010 meine Unternehmensanteile an *dm* in eine gemeinnützige Stiftung eingebracht habe: um die Substanz der Firma zu schützen. Weit wichtiger war mir freilich, dass meine sieben Kinder sich nicht ungefragt in einem Projekt beweisen müssen, das nicht das ihre ist. Und am Ende daran vielleicht auch die Lust verlieren und es zum Schaden seiner Mitarbeiter und Kunden zerlegen. Anders gesagt: Für Unternehmen ist das Hauptproblem oft nicht die Erbschaftssteuer, sondern das Vererben an sich. Kinder haben einen Anspruch auf einen guten Start ins Leben. Aber sie haben keinen Anspruch darauf, dass Eltern für den lebenslangen Wohlstand ihrer Nachkommen sorgen.

Wir (MF/MW) fühlen uns ohnehin nicht genötigt, in dieser erregten Debatte Partei zu ergreifen. Bei Einnahmen von etwas mehr als sieben Milliarden Euro aus der Erbschaftssteuer im Jahr 2016 hören wir hier eher viel Lärm um wenig mehr als nichts. Selbst kräftige Erhöhungen bei der Besteuerung von Firmenerbschaften – um die geht es ja bei dem ganzen Streit hauptsächlich – würden daran im Kern nichts ändern.

Aber auch insgesamt machen die Einnahmen von Bund, Ländern und Gemeinden aus *vermögensbezogenen* Steuern weniger als 4 Prozent des gesamten Steueraufkommens aus – und weniger als 1 Prozent des deutschen Bruttoinlandsproduktes. Knapp die Hälfte dieses ohnehin winzigen Tortenstücks erbringt die Grundsteuer, rund 30 Prozent die Grunderwerbssteuer, weniger als ein Fünftel die Erbschafts- und Schenkungssteuer.

Noch einmal sehr versimpelt gesagt: Derlei Steuern greifen »den Reichen« direkt in die Schatztruhe. Sie sollen nicht nur von dem abgeben, was sie aktuell verdienen, sondern auch von dem, was sie bereits besitzen. Dieses Ansinnen folgt einem moralisch und sozialpolitisch nachvollziehbaren Impuls. Wer mehr hat, soll einen größeren Beitrag zur Gemeinschaft leisten.

Die Frage ist jedoch, ob das mittels Besteuerung von Vermögenssubstanzen wirklich gelingt. Zumindest der Blick auf die Zahlen spricht dagegen: Diese Steuern bringen schlicht *sehr* wenig ein. Und wenn man die Sätze kräftig erhöhen würde? Dann brächten sie immer noch *ziemlich* wenig ein. Uns ist klar, dass Symbolpolitik oftmals eine Rolle spielt. Aber das macht sie noch nicht zu einem Ersatz für eine gut durchdachte Steuerpolitik. Und erst recht nicht für eine wirklich gerechte Sozialpolitik. Warum solche Steuern auch systematisch gesehen Unsinn sind, dazu später mehr.

Die Besteuerung von Einkommen

Die ergiebigsten Steuern sind bis dato in allen ökonomisch entwickelten Staaten der Welt die Ertragssteuern. Sie speisen sich aus den laufenden *Einkommen* der Wirtschaftssubjekte: jenen von Lohn- und Gehaltsempfängern, von Gewerbetreibenden und Freiberuflern; aus den Kapitaleinkünften natürlicher Personen; aus Mieteinkünften privater Haus- und Grundbesitzer und aus den Gewinnen von Unternehmen.

Menschen (»natürliche Personen«), ganz gleich wie reich sie sind, zahlen hierzulande Einkommenssteuer. Auch, wenn sie Einzelunternehmer sind. Große Unternehmen, vor allem die Kapitalgesellschaften (AGs, GmbHs etc.), öffentliche Gewerbebetriebe wie Stadtwerke und Verkehrsbetriebe, dazu Verbände, Vereine oder Stiftungen (»juristische Personen«) zahlen Körperschaftssteuer. Vier von fünf Unternehmen in Deutschland sind jedoch Personengesellschaften. Sie unterliegen somit der Einkommenssteuer.

Derzeit werden im Bundesfinanzministerium Pläne für ein einheitliches Unternehmenssteuerrecht geschmiedet. Die Chancen seiner Durchsetzung dürften eher gering sein. Denn das würde bedeuten, dass vom Malermeister in Harsewinkel bis hin zur Volkswagen AG, dem mit Abstand umsatzstärksten Unternehmen in Deutschland, alle Firmen nach den gleichen Regeln besteuert würden. Wer das unsinnig findet, darf mit unserer Zustimmung rechnen.

Mit rund 43 Prozent tragen Lohn- und Einkommenssteuern den mit Abstand größten Teil zum gesamten deutschen Steueraufkommen bei. Die von den Arbeitgebern direkt ans Finanzamt abgeführte Lohnsteuer allein ein Viertel. Unternehmenssteuern wie die kommunale Gewerbesteuer oder die Körperschaftssteuer erbringen weitere 10 Prozent.

Ertragssteuern besteuern *wirtschaftliche Leistungen* von Menschen und Unternehmen in einem bestimmten *Rechtsraum* und in einem genau abgegrenzten *Zeitraum*. Sie greifen den Leuten also sozusagen nicht in die Schatztruhe, sondern ins Portemonnaie.

Ein psychologischer Nachteil jeder Ertragsbesteuerung liegt auf der Hand. Geht man ganz naiv davon aus, dass wirtschaftliche

Leistung und monetärer Erlös irgendwie zusammenhängen sollten, dann passiert Folgendes: Je erfolgreicher ein Individuum oder ein Unternehmen agiert, desto härter schlägt die Steuer zu. Das ist der Hauptgrund, warum die griffige Parole, Leistung müsse sich wieder lohnen, nicht kleinzukriegen ist.

Ebenso ist es der Hauptantrieb dafür, dass Unternehmen und Menschen mit gehobenen Einkommen nicht nur viele Steuerberater beschäftigen, sondern auch sonst fast alles tun, um sich beim Finanzamt arm zu rechnen. Während sich Bezieher kleiner und mittlerer Einkommen mit den »1000 ganz legalen Steuertricks« des seligen Herrn Konz trösten müssen.

Schauen wir nun in einem zweiten Schritt, wer da eigentlich wie viel Ertragssteuern zahlt. Laut Statistischem Bundesamt gibt es in Deutschland gut 51 Millionen Steuerpflichtige. Erwerbstätig sind knapp 43,5 Millionen Bundesbürger. Davon sind 22,9 Millionen sozialversicherungspflichtig und in Vollzeit beschäftigt, in Teilzeit weitere 8,7 Millionen. Hinzu kommen 7,7 Millionen geringfügig und 4,7 Millionen befristet Beschäftigte sowie eine knappe Million Leiharbeiter. Es liegt in der Natur der Sache, dass letztere Gruppen meist wenig bis keine Steuern auf ihre geringen Einkommen zahlen – und auch nicht sozialversicherungspflichtig sind. Schließlich gibt es hierzulande 4,3 Millionen Selbstständige, bei denen die Einkommensspanne extrem groß ist. Und knapp 1,7 Millionen Beamtinnen und Beamte. Sie zahlen selbstredend Steuern, aber keine Beiträge in die Sozialversicherungen.

Wer derzeit mehr als 28 000 Euro brutto im Jahr verdient, zählt zu den oberen 50 Prozent in der Einkommenshierarchie. Von allen Bürgern, die Lohn- und Einkommenssteuer zahlen, trägt diese Hälfte 95 Prozent zum gesamten Aufkommen bei. Im Gegenzug bedeutet das: Knapp 50 Prozent aller Haushalte in Deutschland zahlen überhaupt keine Lohn- und Einkommenssteuer. Die oberen zehn Prozent der Steuerzahler – jene mit einem Jahreseinkommen ab rund 37 000 Euro brutto – bringen mit gut 55 Prozent mehr als die Hälfte der gesamten Einkommenssteuer auf, die oberen 5 Prozent immer noch 42 Prozent. Die oberen zehn Prozent beziehen allerdings auch fast 40 Prozent aller Einkommen.

Richtig ist folglich: Den Löwenanteil bei der Lohn- und Einkommenssteuer bringt in unserem Land die gut bis sehr gut verdienende Mittelschicht auf. Aber der Spitzensteuersatz von 42 Prozent greift eben auch schon ab einem Jahreseinkommen von 53 666 Euro brutto. Die bekannten chronischen Krankheiten beim Einkommenssteuertarif verstärken bei einem erheblichen Teil der »Besserverdiener« das Gefühl, die Melkkühe der Nation zu sein.

Da ist einerseits der viel zitierte »Mittelstandsbauch«: Hier steigt der Grenzsteuersatz (also der für jeden Euro ab dieser Grenze fällige Tarif) zwischen dem Grundfreibetrag von derzeit 8.820 Euro bis zu einem zu versteuernden Einkommen von 13 669 Euro recht schnell an – von 14 auf 24 Prozent. Andererseits die sogenannte »kalte Progression«: Gehaltserhöhungen können den für die eigene Besteuerung geltenden Tarif bisweilen so weit nach oben verschieben, dass das Finanzamt das Plus auf dem Gehaltszettel weitgehend für sich verbucht.

Bei diesen Themen ist es ähnlich wie mit der »Schließung von Steuerschlupflöchern« oder dem »Abbau von Subventionen«: Seit Jahrzehnten wird über sie abwechselnd erregt debattiert – und dann an einzelnen Symptomen herumgedoktert. Grundsätzlich aber bleiben sie uns so hartnäckig erhalten wie etwa der Weihnachtsspeck oder die Frühjahrsgrippe.

Gleichwohl: Dass der deutsche Steuerzahler im internationalen Vergleich besonders kräftig geschröpft werde, ist ein Gerücht. Bei uns lag die sogenannte Steuerquote, der Anteil aller vom Staat erhobenen Steuern am Bruttoinlandsprodukt, 1960 bei 23 Prozent. Und 2015 – bei 22,8 Prozent. In Frankreich liegt diese Quote beispielsweise bei 28,1 Prozent, in Österreich bei 28,8 Prozent, in Italien bei 30,1 Prozent. Selbst die Abgaben insgesamt (d. h. Steuern plus Sozialabgaben) sind über diesen langen Zeitraum in Deutschland eher moderat gestiegen: von 33,4 Prozent im Jahre 1960 auf 39,4 Prozent im Jahre 2015.

Nicht anders ist es mit der Staatsquote, den Staatsausgaben im Verhältnis zum Bruttoinlandsprodukt. Wer den Glauben hegt, früher sei alles besser gewesen, muss hier schon sehr weit in die Vergangenheit abtauchen: 1960 lag sie in der Bundesrepublik bei 32,9 Prozent. Aktuell sind es 44 Prozent. Heißt: Von jedem in Deutschland erwirtschafteten Euro gehen 44 Cent durch die Hände von Bund, Ländern, Gemeinden und Sozialversicherungsträgern. Aber bereits seit 1975 schwankt die Staatsquote konstant in einem schmalen Korridor zwischen 43 und 49 Prozent.

Besteuerung des Konsums

Der dritte Weg, wie Bürger einen Beitrag zu den Gemeinschaftsaufgaben ihres Staates leisten, ist die Besteuerung ihres Verbrauchs. Die mit großem Abstand wichtigste Verbrauchssteuer ist die Mehrwertsteuer. Rund 32 Prozent – nämlich 217 Milliarden Euro – trug sie hierzulande im Jahr 2016 zum gesamten Steueraufkommen bei.

Was übrigens ziemlich genau dem OECD-Durchschnitt entspricht. In 15 der 35 Mitgliedstaaten der OECD liegt dieser Anteil zwischen 30 und 43 Prozent. Anders in den USA, in Japan und im Nachbarland Schweiz: Hier spielen Verbrauchssteuern mit einem Anteil von rund 15 beziehungsweise 18 und 19,5 Prozent eine geringere Rolle. In den USA werden solche Steuern zudem nicht vom Bund, sondern von den Einzelstaaten und den Kommunen erhoben. Im Schnitt ist man mit 7 bis 9 Prozent dabei. Allerdings gibt es auch Staaten und Gemeinden ohne *Sales Tax*. Spitzenreiter beim Anteil der Verbrauchssteuern am gesamten Steueraufkommen ist in der OECD übrigens Chile. Dort verdanken sich fast 52 Prozent aller Steuereinnahmen dem privaten Verbrauch.

Mit einem Steuersatz von normalerweise 19 Prozent ist Deutschland innerhalb der EU fast Mehrwertsteuer-Schlusslicht. Nur in Malta (18 Prozent) und Luxemburg (17 Prozent) ist etwas weniger fällig. In 24 der 28 EU-Staaten liegt der Mehrwertsteuersatz bei 20 Prozent und mehr. In Ungarn werden an der Ladenkasse sogar 27 Prozent fällig, in Dänemark oder Schweden 25 Prozent.

Hervorgegangen ist die heutige Form der Mehrwertsteuer aus der Umsatzsteuer. Weshalb sie auch bis heute so heißt, wenn Firmen und Einzelunternehmer sie sich gegenseitig in Rechnung stellen. Bis 1967 (in Österreich sogar bis 1973) war diese eine sogenannte Allphasen-Brutto-Umsatzsteuer. Das heißt: Wann immer jemand nach Erbringung einer Dienstleistung oder nach der Lieferung von Waren eine Rechnung stellte, musste der Abnehmer diese Steuer (von zum Schluss vier Prozent) nicht nur bezahlen, er musste sie zunächst auch tatsächlich tragen. Und das wiederum hieß: Er musste sie in seine eigenen Güter oder Dienstleistungen vollständig einpreisen.

Die Folge war ein Kumulationseffekt: Mit jeder Vorleistung und jedem Vorprodukt wurde ein Produkt beziehungsweise eine Dienstleistung für Endverbraucher immer teurer. Anders gesagt: Jedes zusätzliche Paar Hände in einer Wertschöpfungskette trieb den Preis an der Ladenkasse hoch. Wer dagegen möglichst viel selbst machte, hatte sehr schnell Preisvorteile. Somit förderte die alte Umsatzsteuer das Entstehen großer Konzerne. Umgekehrt wirkte sie als Strafsteuer fürs Outsourcing an Spezialisten. Für manche Leser mag das allzu technisch klingen. Die Umsatzsteuer ist allerdings der beste Beweis für etwas, was manche bestreiten: dass nämlich Steuern und Abgaben von Unternehmen *immer* auf ihre Preise überwälzt werden.

Am 1. Januar 1968 wurde die heutige Mehrwertsteuer – zunächst mit einem Satz von zehn Prozent – eingeführt. Technisch bedeutete das, dass die alte Umsatzsteuer auf eine Allphasen-

Netto-Umsatzsteuer umgestellt wurde. Heißt: Weiterhin ist auf jeder Rechnung die Mehrwertsteuer ausgewiesen. Aber wer Rechnungen stellt, führt nicht mehr die gesamte von ihm vereinnahmte Mehrwertsteuer ans Finanzamt ab. Sondern er zieht davon jene Steuern ab, die er seinerseits an seine – geschäftlichen! – Lieferanten und seine Dienstleister gezahlt hat. Hat er mehr Steuern kassiert als gezahlt, überweist er dem Finanzamt nur den Differenzbetrag. Im umgekehrten Fall bekommt er die mehr gezahlte Mehrwertsteuer vom Finanzamt erstattet.

Dieses Verfahren nennt sich Vorsteuerabzug. Im Ergebnis wird damit die Mehrwertsteuer zwar von Firmen und Einzelunternehmern an die Finanzbehörden *abgeführt* – sie bleiben die Steuerschuldner. Für jeden Rechnungssteller ist sie aber nur ein durchlaufender Posten. Am Ende der Kette landet die gesamte Steuer in den Ladenpreisen. Weshalb sie ausschließlich vom Endkunden *getragen* wird – und man darum auch von einer indirekten Steuer spricht.

Das letzte knappe Fünftel des deutschen Steueraufkommens verdankt sich einer Fülle weiterer Verbrauchssteuern – von der Energiesteuer (früher: Mineralölsteuer; 40 Milliarden Euro kamen in 2016 zusammen) über die Tabaksteuer (14 Milliarden) bis hin zur berüchtigten Schaumweinsteuer (400 Millionen), mit der Kaiser Wilhelm 1902 seine Kriegsflotte finanzieren wollte und die seitdem von keinem Finanzminister »versenkt« wurde.

An all diesen Steuern erkennt man – neben der Finanzierung von Aufgaben der Gemeinschaft – übrigens eine zweite Grundidee des Steuerwesens: Steuern sollen das wirtschaftliche Verhalten der Bürger bisweilen auch ein bisschen steuern. So soll die Tabaksteuer eigentlich den Rauchern das Rauchen verleiden, die Branntweinsteuer uns alle zu maßvollem Alkoholgenuss anhalten. Oder die nagelneue Alkopopsteuer Jugendliche davon abhalten, allzu häufig nach Brause mit Billigfusel zu greifen. Früher sollte die Mineralölsteuer vor allem die Fans durstiger Motoren bremsen, heute soll sie in Gestalt von Energie- und Ökosteuer zu umweltbewusstem Verbrauchsverhalten anleiten.

Versteht sich, dass für die Politik hier ständig Zielkonflikte lauern. Erhöht man beispielsweise die Tabaksteuer derart kräftig, dass viele deswegen tatsächlich mit dem Rauchen aufhören, dann freut sich womöglich der Gesundheitsminister. Aber der Finanzminister hat sofort ein Problem, sodass es mit der Steuerungswirkung von Spezialsteuern am Ende meist nicht allzu weit her ist.

Von Eseln und Maultieren

Schon die Grundzüge des deutschen Steuersystems sind kompliziert genug. Vollends byzantinisch wird es, weil in seinen Details ganze Heerscharen von Teufeln lauern. So gibt es bei der Einkommensbesteuerung nicht nur – meistenteils völlig vernünftige – Freibeträge. Hinzu kommen Hunderte mehr oder minder einleuchtende Regeln, was wer so alles »von der Steuer absetzen« kann.

Bei der Mehrwertsteuer gibt es spezielle Tarife für dieses und jenes – bis hin zum Dauerkalauer, dass beim Kauf eines Esels 19 Prozent, beim Erwerb eines Maultiers nur 7 Prozent fällig werden. Oder dass beim Verzehr eines Burgers im Schnellrestaurant der volle, bei Mitnahme desselben nur der verminderte Satz für Lebensmittel fällig wird. Der Burger aber in beiden Fällen natürlich exakt das Gleiche kostet.

Einzig gewiefte Steuerberater großer Kanzleien wissen heute noch genau, was Unternehmen im Einzelnen wie abschreiben, wo sie »Verluste vortragen«, Forderungen verrechnen oder ihre Besteuerung überhaupt »verlagern« können. Sodass es kein Wunder ist, wenn kein normaler Mensch versteht, wie die am Ende zu versteuernden Erträge von Kapitalgesellschaften auf dem Papier derart stark eingedampft werden können, dass ein Steuersatz von 15 Prozent dem Staat im Jahr 2015 gerade einmal 19,6 Milliarden Euro einbrachte. Und diese Steuern am Ende gerade noch 4,1 Prozent zum gesamten Aufkommen beitrugen.

Darum noch einmal. Statt uns darüber weiter zu erregen, wie wir (MF/MW) es bislang gerne getan haben, sagen wir in dieser Schrift nun unisono: Ob man die Kuh des Kapitals wie bisher ein bisschen melkt, oder ob man sie völlig unbehelligt ihre Kälber stillen lässt, macht allein schon in der steuerlichen Endabrechnung keinen großen Unterschied. An der Weltspitze, im Staate New York, werden Kapitalgesellschaften mit 30 Prozent besteuert. Aber auch in den USA tragen Unternehmen gerade einmal doppelt so viel zum Steueraufkommen bei wie bei uns, nämlich 8,4 Pro-

zent. Wollte man also die Steuerkanne tatsächlich zu einem Großteil mit Kapitalmilch füllen, dann müsste man den Unternehmen
Gewinne wohl komplett verbieten.

Warum der Endkunde alle Steuern zahlt

Zuletzt ist es den Bürgern bei der Bankenkrise 2008 ff. aufgefallen,
wie unschön das ist, wenn Unternehmen fette Gewinne privatisieren, Verluste – im Falle der Banken: Verluste aufgrund waghalsi-
ger bis krimineller Geschäfte – jedoch den Steuerzahlern aufbürden, sie also sozialisieren. Sodass die Idee, doch am besten gleich
alle Gewinne zu sozialisieren, scheinbar etwas Bezwingendes hat.
Und wie macht man das? Ganz einfach: Man steuert sie mehr oder
minder komplett weg. Steuersatz 100 Prozent. Fertig. Würde das
funktionieren?

Es würde nicht funktionieren. Denn alle Unternehmen – vom
Malermeister in Harsewinkel bis zur VW AG – zahlen zwar Unter-
nehmens- beziehungsweise Einkommenssteuer ans Finanzamt.
Aber sie *tragen* diese Steuern nicht. Sondern sie kalkulieren diese
Steuern zusammen mit sämtlichen Löhnen und Gehältern sowie
den darauf fälligen Sozialabgaben in ihre Preise ein. Genauso wie
ihre Ausgaben für Farben und Pinsel oder Motorenblöcke und
komplette Fertigungsstraßen. Würde VW Ihnen als Angestelltem
Ihre Bezüge brutto aufs Konto überweisen und Sie selbst die Steuern ans Finanzamt, die Sozialbeiträge an Krankenkasse, Renten-

versicherung und Bundesanstalt für Arbeit abführen, dann würde sich unterm Strich ja nichts an den »Arbeitskosten« von VW ändern – und diese Kosten werden selbstredend komplett verkalkuliert. Dass VW die *Abführung* Ihrer Steuern und Sozialabgaben für Sie übernimmt, ändert daran überhaupt nichts.

Aber wer zahlt denn dann die Unternehmenssteuern? Auch nicht das Unternehmen. Sondern dessen Kunden. Und die Kunden seiner Kunden. Am Ende zahlen die Verbraucher schlicht und einfach *alle* Steuern. Woraus wiederum folgt: Unternehmenssteuern vergesellschaften überhaupt keine Gewinne. Sondern sie treiben lediglich die Preise nach oben.

Unternehmen haben nur vier Möglichkeiten, ihre Gewinne zu verwenden. Erstens: Sie können sie an ihre Eigner ausschütten, sei es als Unternehmerlohn oder Gewinnentnahme (Personengesellschaften), sei es als Dividende (Kapitalgesellschaften). Was die mit ihren Gewinnen machen können, werden wir gleich noch sehen. Zweitens: Sie können sie investieren, zum Beispiel in neue Maschinen und Anlagen oder in die Produktentwicklung. Drittens: Sie können sie in ihren »stillen Reserven« verstecken. Aber das ist erstens seit 2009 nicht mehr ganz so einfach. Und zweitens selbst für halbwegs geübte Leser von Bilanzen kompliziert. Viertens: Sie können Geld spenden.

Ausschütten und künftig investieren können sie allerdings nur ihre Nachsteuergewinne. Beim Vorsteuergewinn (vor dessen Ermittlung alle Kosten und Investitionen des abgelaufenen Geschäftsjahres zudem ja schon abgeschrieben wurden) gilt der Artikel 4 des Rheinischen Grundgesetzes: »Wat fott es, es fott« (Was weg ist, ist weg). Er hat lediglich zwei statistische Vorteile: Er ist nominell hoch, beeindruckt also unter Umständen Investoren. Und er ist, anders als nationale Steuergesetze, international gut vergleichbar. Aber weder kann ein Unternehmen mit ihm »arbeiten« noch können sich andere an ihm bereichern.

Sodass Unternehmen bei genauerer Überlegung eigentlich überhaupt keine »Gewinne machen«. Denn Steuern stellen sich bilanziell als Kosten dar, werden also in den Preisen verkalkuliert. Die Dividenden für Kleinaktionäre, reiche Privatiers und »institutionelle Anleger« sind Kosten, werden also in den Preisen verkalkuliert. Schließlich die Investitionen: Das sind die Kosten von morgen. Am Ende zahlen das immer *alles* die Endverbraucher. Ausnahmslos *alle* Steuern und Sozialabgaben landen in den Endpreisen. Die Mehrwertsteuer ist bloß die einzige Steuer, bei der jeder das auf der Rechnung offen und transparent erkennen kann.

Etwas genauer gesagt: *fast* transparent erkennen kann. Denn würde die Mehrwertsteuer um einen Prozentpunkt erhöht, dann würden natürlich im Drogeriemarkt nicht alle Preise linear um ein Prozent steigen. Erstens weil es dann zum Teil zu kurios krummen Preisen käme, zweitens, weil nicht alle Preise gleich »elastisch« sind. In hart umkämpften Produktgruppen wie etwa Hygienepapieren wäre es schwierig, eine Mehrwertsteuererhöhung eins zu eins an die Kunden weiterzugeben. Also verteilt man den Effekt ein bisschen ungleich über das gesamte Sortiment.

Ebenso wenig lässt sich leider leugnen, dass manche Anbieter eine solche Erhöhung zu versteckter Preistreiberei nutzen. Erfahrungen der Vergangenheit belegen allerdings durch die Bank, dass die Effekte kurzfristig sind. Der Wettbewerb schleift das meist schnell wieder ab. Sodass auch die Mehrwertsteuer, wie jede Steuer, zwar nicht völlig frei von Verzerrungseffekten ist. Aber bei dieser Steuer sind sie nachweislich am geringsten.

Konsumsteuer – die Steuer der Zukunft

An den Grundprinzipien und am Ausmaß der Besteuerung der Bürger lässt sich am besten ablesen, wie eine Gesellschaft ihren Wohlstand erwirtschaftet – und wer ihn wofür nutzt. Unser heutiges Steuersystem aber bewirkt genau das Gegenteil. Es greift in die wirtschaftliche Leistung der Menschen ganz überwiegend an solchen Punkten ein, an denen ihre produktive Tätigkeit noch gar nicht zum Ziel – dem Konsum – gekommen ist. Und es verschleiert weitgehend, wann und wo unsere Gesellschaft die Früchte ihrer vielfältigen Leistungen genießt – und wie sie sie unterwegs verteilt.

Dieses Steuersystem ist nicht bloß maßlos kompliziert, womit es für eine Menge wirtschaftlich unproduktiver und gesellschaftlich letztlich nutzloser Arbeit sorgt. Vor allem führt es dazu, dass nicht jeder Bürger nachvollziehbar erkennen kann, woher das Geld kommt und wohin es fließt. Kurz, unser Steuersystem vernebelt beide großen Ströme jeder Wirtschaft: den *Wertschöpfungsstrom* und den *Abrechnungsstrom*.

Das klingt zunächst sehr abstrakt. Doch immer dann, wenn grundsätzlich etwas nicht (mehr) stimmt, müssen wir uns eben auch sehr grundsätzlich fragen, warum das so ist. Das ist übrigens ein weiterer Nachteil unseres heutigen Steuersystems: Es blockiert jede Grundsatzdebatte. Denn es ist ein Imperium für Fachidioten. Die meisten seiner Regeln sind so verzwackt, dass ein Dutzend absoluter Steuerexperten in Detailfragen zu zwei Dutzend verschiedenen Antworten kommen kann. Mit der Folge, dass jede steuerpolitische Debatte normale Bürger nach fünf Minuten in Tiefschlaf versetzt. Ausgenommen, irgendwer ruft mit erregt mahnender Stimme nach »Entlastung«. Am besten jener Zielgruppe, die die Mehrheit im Saal stellt.

Vom Sinn des Wirtschaftens

Um zu verstehen, was da nicht stimmt, müssen wir mit einer nur scheinbar einfachen Frage beginnen: Was ist der Sinn jeder wirtschaftlichen Tätigkeit? Zum einen geht es darum, Waren und Dienstleistungen bereitzustellen, die irgendwo von irgendwem in einer Gesellschaft benötigt oder – von wem und warum auch immer – begehrt werden. Zum anderen geht es darum, Einkommen bereitzustellen, mit denen die Menschen all diese Waren und Dienstleistungen bezahlen können. Wie schon gesagt: *Wertschöpfungsstrom* und *Abrechnungsstrom*. Das ist alles.

Was immer Leute sonst noch zu erstrebenswerten Zielen wirtschaftlichen Treibens erklären, sind in Wahrheit bloß Zwischenschritte. Wachstum, Produktivitätssteigerung, Innovation, Rationalisierung. Qualität, Service, größere Angebotsvielfalt. Oder die »Schaffung von Arbeitsplätzen«. All das sind Pegel am Wertschöpfungsstrom. Faire Bezahlung, persönlicher Wohlstand, finanzielle Unabhängigkeit, Reichtum, Alterssicherung. Sogar die einst gebetsgleich gepriesenen Renditen, Gewinne (Schimpfwort: Profite) oder »gesteigerten Unternehmenswerte«. All das sind keine echten Ziele des Wirtschaftens! Sondern lediglich mehr oder minder sinnvolle Messgrößen für den Abrechnungsstrom.

Der Wertschöpfungsstrom kommt immer dann – und ausschließlich dann – zum Ziel, wenn Menschen privat Güter verbrauchen. Brot, Butter, Kaviar und Champagner. T-Shirts, Fräcke, Fahrräder und Privatflugzeuge. Oder Katzensofas, Raumsprays mit Pizzaduft und goldene Wasserhähne. Ebenso kommt der Wertschöpfungsstrom zum Ziel, wenn wir als Endverbraucher Dienstleistungen in Anspruch nehmen. Nahverkehr. Internetverbindungen. Zahnbehandlungen. Oder Fußreflexzonenmassagen. Am Ende wurde immer etwas verdaut, verbraucht (und hoffentlich recycelt) oder erledigt. Danach kommt etwas Neues. Aber die jeweilige Leistungskette ist zu Ende.

Erst an dieser Stelle ist es sinnvoll, dass alle Bürger einer Gemeinschaft Steuern zahlen, um jene Aufgaben zu finanzieren, die privat nicht angemessen erbracht werden können. Nämlich dann, wenn jemand etwas verbraucht, wenn er (oder sie) dem gesellschaftlichen Wertschöpfungsstrom Leistungen *entnimmt*. Das *Er-*

bringen von Leistungen – Arbeit, Ideen, unternehmerische Initiativen – zu besteuern ist dagegen geradezu kontraproduktiv.

Erstens, das haben wir oben gezeigt, trägt alle diese angeblich »direkten« Steuern am Ende sowieso der Verbraucher. Zweitens aber beeinflussen diese Steuern das Verhalten der Wirtschaftssubjekte. Und zwar negativ. Sie tun das, was sie tun, nämlich nicht nur mit Blick auf die eigentlichen sozialen (!) Ziele ihrer Wertschöpfung – der Bereitstellung von Gütern und Dienstleistungen einerseits, von Einkommen andererseits. Sondern sie treffen viel zu viele Entscheidungen aufgrund von steuerlichen Erwägungen. Was heißt: Unternehmen richten ihre Entscheidungen über Investitionen nicht allein an ihren Markterwartungen aus. Sondern viel zu oft an Überlegungen betreffs Abschreibungszyklen oder einem Wust steuerlicher Förderungsmöglichkeiten.

Übrigens ist dies – neben »Steuerschlupflöcher schließen« und »Steuerpolitik harmonisieren« – nicht umsonst der dritte Evergreen der Finanzpolitik: der »Abbau von Subventionen«. Am Ende hängen dann bisweilen ganze Standortentscheidungen an Steuervorteilen. Und warum das alles? Nicht, weil da irgendein gieriges Management Gewinnmaximierung um jeden Preis betreibt. Sondern weil auch der gierigste Manager weiß, dass seine Buchhalter die Steuern des Unternehmens am Ende einpreisen werden. Und weil auch ihn ein zumeist harter Wettbewerb dazu anhält, die Preise im Griff zu behalten.

Warum Ertragssteuern nur den Maschinen gefallen

Zu dieser Problematik gehört ganz wesentlich ein zweiter Effekt von Unternehmenssteuern: Aufgrund der zahllosen Abschreibungs-, Verrechnungs- und Verlagerungsmöglichkeiten machen sie den Einsatz von Maschinen und Technik relativ attraktiv. Wogegen die zwar ebenfalls eingepreisten, aber eben auch stets unverkürzt abgeführten Lohn- und Einkommenssteuern sowie die Sozialabgaben den Einsatz menschlicher Arbeitskraft unattraktiv machen. Da sich Arbeit aber nun einmal nicht ganz vermeiden lässt, wirkt die Besteuerung von Unternehmen ebenso wie die Besteuerung von Arbeitseinkommen quasi als permanente Einladung zur Rationalisierung. Oder auch zur offenen Lohndrückerei.

Eine Besteuerung ausschließlich des Konsums hätte genau den gegenteiligen Effekt. Die Konsumsteuer fällt zu gleichen Teilen auf alle Leistungen an, die für ein Produkt oder eine Dienstleistung notwendig waren. Sie unterscheidet nicht zwischen Maschinen- und Menschenarbeit. Dafür ließe sie alle Menschen im Wirtschaftskreislauf ausschließlich unter wirtschaftlichen Gesichtspunkten – Angebot, Nachfrage, Qualität, Preis – denken, planen und handeln. Und sie würde damit auch bei Entscheidungen, ob man eine Arbeit besser von Menschen oder von Maschinen erledigen lässt (oder ob man sie vielleicht auch ganz bleiben lässt) endlich wieder zu Chancengleichheit führen. Indem sie nämlich die steuerliche Subventionierung von Maschinenarbeit abschafft.

Zusammen mit einem Grundeinkommen würde das sogar für vollständige Waffengleichheit sorgen. Denn ein BGE würde einzelne Unternehmen – von der Welt-AG bis zum Handwerksmeister – zugleich von der Notwendigkeit freistellen, jedem Bürger ein würdiges Existenzminimum zu garantieren. Das Bedingungslose Grundeinkommen macht aus dieser Aufgabe endlich das, was sie im Kern immer schon war: eine gesamtgesellschaftliche Aufgabe, keine Aufgabe privatwirtschaftlicher Initiative. Die kann sich dafür jenseits des Grundeinkommens umso besser und freier entfalten.

Worum es hier geht, das lässt sich an der Mutter aller Ertragssteuern, am feudalen Zehnten erkennen. Den nahmen die Grundherren des Mittelalters, Adlige und Klöster von freien Bauern, die im wesentlichen Selbstversorger waren. Der Selbstversorger ist im Prinzip zufrieden, wenn Küche, Keller und Scheune nach der Ernte gut gefüllt sind. So gut, dass man über den Winter kommt, dass genügend Saatgut fürs nächste Jahr da ist, und dass man all das auf lokalen Märkten einhandeln kann, was der eigene Hof nicht hergibt.

Besteuern kann man bei Selbstversorgern naturgemäß einzig ihre Ernteerträge. Wer sich also anstrengt und weit mehr arbeitet als nötig, der produziert nicht etwa ein größeres Marktangebot. Denn das ist in einer Gesellschaft von lauter Selbstversorgern Nebensache. Er produziert entweder verderbliche Vorräte. Oder einen Anreiz für seinen Grundherrn, besonders kräftig zuzulangen. Woraus natürlich schnell eine Gewohnheit wird, sodass es in Jahren guter Ernten vernünftig ist, es mit der Arbeit nicht zu übertreiben. Und in schlechten Jahren überlebensnotwendig, den Steuereintreiber zu bescheißen, indem man so viel wie möglich von der kargen Ernte versteckt.

Und genau diese Einstellung des Selbstversorgers ist es, die unser Denken über Steuern bis heute heimlich bestimmt. Die Lohn- und Einkommenssteuer, sie ist im Grunde eine Art Zehnt 4.0. Nur dass wir eben längst nicht mehr in einer Gesellschaft weitgehender Selbstversorgung leben, sondern in einer Gesellschaft vollständiger Fremdversorgung. Alles, wirklich *alles,* was wir verbrauchen, stellen andere für uns her. Oder wir für andere.

Wir sollten darum endlich die alte Idee aufgeben, dass es am besten sei, Steuern vom Ertrag abzugreifen. Steuern sollen die Menschen zahlen, wenn sie Leistungen aus dem Wertschöpfungsstrom entnehmen: beim Konsum. Nicht aber, solange sie ihren Beitrag zu diesem leisten.

Auch Steuern sind Einkommen

Schon mit wenig gesundem Menschenverstand lässt sich einsehen, dass Ertragssteuern zwar optisch vom Einkommen (»brutto«) abgezogen werden, dass das aber eine Operation ist, die einzig und allein auf dem Papier stattfindet. Ihr Unternehmen hat die für Sie fälligen Steuern und Sozialabgaben komplett auf seine Preise überwälzt. Anders als der Bauer des Mittelalters halten Sie selbst diese

Erträge aber keine Millisekunde in der Hand. Ihre Ausgaben planen Sie mit dem Netto auf Ihrem Konto. Sich über die Differenz zum Brutto zu ärgern, ist dagegen in einer Gesellschaft vollständiger Fremdversorgung ein fruchtloses Gedankenspiel.

Es fließt hier nämlich kein Korn und kein Gold an gierige und kriegslüsterne Fürsten oder an hemmungslos prassende Pfaffen. Was Ihr Arbeitgeber an Finanzamt und Sozialkassen abführt, fließt in kürzester Zeit wieder in den gesellschaftlichen Wertschöpfungsstrom. Denn was wird aus Ihren so hart verdienten Steuergeldern? Güter – in dem Fall öffentliche Güter oder Gemeingüter – und Dienstleistungen. Und: Einkommen.

Etwa das Einkommen der Bundeskanzlerin. Deren Politik dürfen Sie kritisieren, bis der Arzt kommt. Aber selbst erbitterte Gegner können nur schwerlich behaupten, es falle im Vergleich zu anderen Spitzeneinkommen unsittlich hoch aus. Oder das Einkommen Ihrer Finanzbeamtin. Klar, die können Sie vielleicht auch nicht leiden. Aber ohne sie wird der Rest Ihrer Steuern nicht zum Einkommen der Lehrer Ihrer Kinder, sowie vieler anderer öffentlicher Bediensteter, deren Tätigkeit Sie im Einzelfall stets mehr oder weniger sinnvoll finden mögen. Die Sie aber keinesfalls alle in Bausch und Bogen ablehnen. Und falls Sie Tiefbauingenieur sind: Auch Ihr Gehalt verdankt sich vielleicht unter anderem dem Umstand, dass Ihre Firma an der Sanierung der A2 mitverdient. So ist das halt: Die »Leistungsträger« in unserer Gesellschaft erwirtschaften nicht nur Steuergelder. Zu Teilen leben sie auch nicht ganz schlecht von ihnen.

Warum »die Reichen« auch bloß konsumieren können

Zum Schluss wenden wir uns dem scheinbar unerschütterlichsten Argument gegen eine ausschließliche Besteuerung des Konsums zu: Sie belaste über Gebühr jene Gering- und Normalverdiener, die ihr Geld mehr oder minder vollständig für die Bestreitung ihres Lebensunterhaltes ausgeben. Besserverdiener, Reiche und Superreiche würden dagegen den überwiegenden Teil ihrer Einkünfte gerade nicht ausgeben. Gäbe es künftig nur eine Konsumsteuer, könnten sie folglich mit ihren Tausenden, Zehntausenden oder Millionen an den Finanzmärkten völlig ungehemmt herumzocken, ohne dass die Gesellschaft auch nur einen Euro oder Dollar ihrer Vermögenszuwächse zu Gesicht bekäme.

Im Februar 2017 veröffentlichte DIE ZEIT einmal wieder eine aktuelle Liste der Vorstandsbezüge aller DAX-30-Unternehmen. Wie schon gesagt: Auch dies komplett eingepreiste »Kosten«. Aber schon klar: Ob 9,8 Millionen oder 2,7 Millionen Euro Jahresgehalt – kein Spitzenmanager kann das komplett für Nahrung, Kleidung, Unterkunft und ein paar Annehmlichkeiten des Lebens ausgeben. Zumal Manager nicht nur ziemlich häufig auf Spesen essen, reisen oder übernachten, sondern auch noch furchtbar wenig Zeit zum Geldausgeben haben. Um 2,7 Millionen zu verbraten, müsste man schon alle zwei bis drei Jahre eine repräsentative Villa kaufen.

Etwas buntere Rechnungen kann aufmachen, wer ab und an einen Blick in bunte Blätter wirft. Anfang des Jahres kursierten Gerüchte, Hollywoodstar Johnny Depp sei pleite. Er soll seit 20 Jahren so um die zwei Millionen Dollar (1,9 Millionen Euro) *monatlich* ausgegeben haben, wurde kolportiert. Der Schauspieler, über dessen Talente die Meinungen inzwischen geteilt sind, besitzt 14 Häuser, darunter ein Schloss in Frankreich, Immobilien auf den Bahamas und einen Reiterhof im US-Bundesstaat Kentucky; ferner eine 18 Millionen Dollar teure Jacht und 45 Luxusautos. Rund 700 000 Dollar pro Monat gehen für Privatjet-Flüge, Weinrechnungen und die Gehälter seiner 40 Angestellten drauf. In so einem (zugegeben etwas kuriosen) Fall dürfte man schon behaupten: Konsumsteuer bringt's!

Was können Reiche mit ihrem Geld schon machen? Sie können es ausgeben. Und wer mehr verdient, leistet sich, jedenfalls bis zu einem bestimmten Punkt, auch ein entsprechend »schöneres« Leben. Sodass schon mit Zweitwohnsitz, Drittwagen, vier gehobenen Wochenendtrips mit der Familie und zwanzig Anzügen eine Konsumsteuer halbwegs gerecht wäre. Wer die Begüterten etwas mehr zwicken möchte: Warum nicht höhere Mehrwertsteuersätze auf Austern, Champagner, Haute Couture und die automobile Oberklasse? Oder 40 Prozent auf Motorboote, 80 Prozent auf Jachten ab 20 Meter? Oder vielleicht wenigstens einen kleinen Aufschlag auf die Jahresgebühren exklusiver Privatschulen? Da hätte dann das Schlagwort vom »Sozialneid« wenigstens einen konkreter fassbaren Sinn.

Früher oder später ist aber selbstredend der Punkt erreicht, an dem Reiche mit dem Geldausgeben nicht mehr nachkommen. Bei vernünftigen Unternehmern ist dieser Punkt sogar meist sehr früh erreicht. Wissen sie doch, dass allzu üppige private Gewinnentnahmen bloß die Reserven des Unternehmens schmälern – und damit kurzfristiges Wohlleben mit einem langfristigen geschäftlichen Abwärtstrend bezahlt wird.

Im Unternehmen sind die Gewinne von heute die Investitionen von morgen. Wer sie selbst verfrühstückt (oder von seinen Aktionären verfrühstücken lässt) ruiniert die Firma. Das sagt Ihnen keiner deutlicher als ein knallharter Marktliberaler: Andrew Haldane, der Chefökonom der ehrwürdigen Bank of England. Er hat 2015 das Ausmaß des internationalen Innovationsstaus berechnet. Noch in den 1970er-Jahren, so Haldane, schütteten börsennotierte Unternehmen im Schnitt lediglich 10 Prozent ihrer Profite an die Aktionäre aus. Heute seien es 60 bis 70 Prozent. Die Unternehmen würden sich so förmlich »selbst auffressen«. Dies könnte aber auch erklären, warum immer mehr Unternehmen en masse ihre eigenen Aktien aufkaufen.

Was aber machen die Aktionäre und all jene Reichen, die den Löwenanteil ihrer Einkünfte nicht privat ausgeben, was heißt: verkonsumieren? Nicht wenige spenden erhebliche Beträge. Und ermöglichen damit anderen Arbeit und Einkommen. Oder sie legen das Geld auf die Bank. In normalen Zeiten bedeutet das: Sie leihen es Leuten, die es anderen Leuten leihen, die es dann entweder verkonsumieren oder investieren. Womit wir wieder am Anfang der Kette wären. Sie kaufen sich noch mehr Aktien. Heißt: Sie investieren in Unternehmen. Sie gründen selbst welche. Heißt: Sie investieren in Unternehmen. Sie erwerben Immobilien. Und nutzen Sie selbst? Konsum! Oder vermieten Sie? Investition! Und so weiter.

Sie können es drehen und wenden wie Sie wollen. Auch die reichsten Leute der Welt können ihr ganzes Geld am Ende nur entweder ausgeben, investieren oder spenden bzw. verschenken. Im ersten Fall wird es von einer Konsumsteuer stets angemessen erfasst. Im zweiten Fall ist seine Besteuerung, wie wir hoffentlich zeigen konnten, via Preise ebenfalls eine Besteuerung des Konsums. Allerdings eine mit unternehmerisch wie gesamtwirtschaftlich negativen Nebenwirkungen. Die Einführung der Konsumsteuer wäre eine Steuerrevolution, die die Menschheit noch nicht gesehen, aber dringend nötig hat.

Der entscheidende Punkt ist freilich folgender: Wenn Unternehmer investieren, dann erbringen sie damit eine *gesellschaftliche* Leistung – die Bereitstellung von Gütern, Dienstleistungen und Einkommen. Keine Frage, Geld kann nicht arbeiten. Aber Investitionen sind Leistungen für andere, keine Leistungen für den, der da leistet. Für diesen Einsatz sollte die Gesellschaft keine Gebühren verlangen.

»Immer wenn man die Meinung der Mehrheit teilt,
ist es Zeit, innezuhalten und sich zu besinnen.«

Mark Twain

Ein Freibetrag für alle

Das Bedingungslose Grundeinkommen als Schlussstein
einer wahrhaft Sozialen Marktwirtschaft

Im vorigen Kapitel haben wir dargelegt, warum es sinnvoll und
notwendig ist, unser Steuersystem von der Ertragsbesteuerung
ganz und gar auf Konsumbesteuerung umzustellen. Wir hatten
gezeigt, dass jede Gesellschaft ihre gesamte Wertschöpfung am
Ende nur auf zwei Arten nutzen kann. Erstens durch Konsum,
also durch tausenderlei Arten von privatem Verbrauch, vom Bröt-
chen bis zur Luxusvilla. Und zweitens durch Finanzierung all jener Gemeinschaftsaufgaben, die heute jeder Bürger erfüllt sehen
möchte. Ganz gleich, wie er deren Umfang und Ausgestaltung im
Einzelnen bewertet: eine gut funktionierende Verwaltung, ein un-
abhängiges und verlässliches Rechtssystem, innere und äußere
Sicherheit, eine moderne Infrastruktur, Bildung und Forschung,
Kultur, Gesundheitsfürsorge sowie ein Mindestmaß an sozialer
Absicherung.

Fast die Hälfte ihrer Wertschöpfung, nämlich 46 Prozent,

wenden die 28 EU-Staaten gegenwärtig im Schnitt für diese Gemeinschaftsaufgaben auf. Der Anteil von Steuern und Sozialabgaben am Bruttoinlandsprodukt – die sogenannte »Staatsquote« – liegt in den USA etwas darunter, in Japan knapp über 40 Prozent. In Deutschland sind es aktuell gut 44 Prozent. Der Spitzenreiter Finnland hat eine Staatsquote von 58 Prozent. In der Schweiz sind es knapp 35 Prozent.

Das zeigt: Im Detail kann man durchaus darüber diskutieren, welche Aufgaben eine Gesellschaft dem Staat überlassen sollte – und welche sie durch private Hände besser erfüllt sieht. Jedenfalls gibt es weder in der Schweiz nur holprige Feldwege, noch müssen die Finnen aufgrund ihrer recht saftigen Steuerlast allesamt am Hungertuch nagen.

Unter Ökonomen finden sich selbstredend für beide Positionen eloquente Verfechter. Sowohl für eine möglichst niedrige wie für eine relativ hohe Staatsquote. Alle empirischen Vergleichsstudien müssen hier allerdings die weiße Fahne hissen: Ein präziser Zusammenhang zwischen Staatsquote und ökonomischer Entwicklung ist schlicht nicht nachweisbar. Aber irgendetwas zwischen einem Drittel und der Hälfte der Wirtschaftsleistung scheint in einer entwickelten Industrie- und Dienstleistungsgesellschaft wohl angemessen zu sein.

Ebenso unterschiedlich lässt sich übrigens auch die Frage beantworten, ob drei wesentliche Aufgaben jeder Gemeinschaft – die Absicherung der Menschen im Alter, ihre Absicherung im Krankheitsfall sowie eine Absicherung gegen Arbeitslosigkeit, d. h.

Verdienstausfall – aus zweckgebundenen Sozialabgaben oder aus Steuermitteln finanziert werden sollten. Auch hier zeigen Studien: Alles ist möglich.

Die OECD-Staaten Dänemark, Australien und Neuseeland etwa besitzen überhaupt keine Sozialversicherungssysteme. Alle entsprechenden Leistungen werden dort steuerfinanziert. Im Schnitt liegt der Anteil der Sozialversicherungsbeiträge an den Staatsausgaben in der OECD bei rund 26 Prozent. Frankreich (37 Prozent), Deutschland (38 Prozent) und Japan (fast 40 Prozent) finanzieren deutlich mehr als ein Drittel ihrer staatlichen Ausgaben aus Sozialbeiträgen, die Tschechische Republik ist mit 44 Prozent Spitzenreiter. Das sagt natürlich nichts über Umfang und genaue Ausgestaltung der sozialen Sicherung. Aber etwas salopp darf man immerhin feststellen: Wie das Geld finanztechnisch aufgetrieben wird, scheint eher nebensächlich zu sein.

Das Grundeinkommen als Steuerfreibetrag

Leser, die unsere Argumente für eine ausschließliche Besteuerung des Konsums überzeugt haben, können den Rest dieses Kapitels gerne überblättern. Für sie ist die Frage, warum wir ein Bedingungsloses Grundeinkommen (BGE) einführen müssen, schnell beantwortet. Sobald man nur noch an der Ladenkasse Steuern zahlt, gibt es keinen anderen Weg mehr, als den, Ihnen einen steuerlichen Grundfreibetrag einzuräumen. Statt ihn als Gutschrift

in der Steuererklärung auszuweisen, wird er dem Konto gutge-
schrieben. Das ist alles.

Solche Grundfreibeträge dürften so ziemlich das Einzige
sein, was keiner an einem Steuersystem kritisiert. Ein Existenzminimum muss jedem steuerpflichtigen Bürger garantiert werden.
Wie hoch das sein sollte? Nun, hierzulande sicherlich nicht niedriger als der derzeitige Grundfreibetrag von 8 820 Euro für Allein-
stehende und 17 640 Euro pro Jahr für Eheleute und eingetragene
Lebenspartner. Und es sollte auch nicht niedriger sein als die Freibeträge von insgesamt 7 356 Euro pro Kind. Utopisch weit von einem Grundeinkommen in Höhe von 1 000 Euro pro Kopf und
Monat, das ich (GWW) vor Jahren einmal als Hausnummer ge-
nannt habe, ist das wahrlich nicht entfernt.

Das Hauptproblem aller aktuell gängigen steuerlichen Freibeträge: Sie stellen ein Existenzminimum nur für Menschen in solchen Haushalten von der Steuer frei, in denen mindestens eine
Person tatsächlich Ertragssteuern zahlt. (Sogenannte indirekte
Steuern wie die Mehrwertsteuer zahlen ja ausnahmslos alle Bewohner eines Wirtschaftsraumes). Alle anderen – und so wenige
sind das nicht – schauen in die Röhre.

Ein Dilemma, das sogar dem Ökonomen und Nobelpreisträger Milton Friedman (1912–2006) aufgefallen ist, der sozialer Träu-
mereien wirklich nicht verdächtigt werden kann. Er plädierte für
eine »negative Einkommenssteuer«. Das heißt: Jeder Bürger vom
Säugling bis zum Greis, der keine direkten Steuern zahlt, bekommt
vom Staat jenen Betrag in bar ausgezahlt, den die Finanzämter den

Steuerzahlern als Grundfreibetrag anrechnen. Man mag es kaum glauben. Ja, der Gottvater des »neoliberalen« Monetarismus hat die Idee eines *bedingten* Grundeinkommens verfochten.

Der Grundfreibetrag ist übrigens auch das Argument gegen den beliebten Einwand, ein Grundeinkommen für Superreiche sei doch wohl das Hinterletzte. Nein, ist es nicht. Selbst Deutschlands 120 Milliardäre dürfen beim Finanzamt die genannten Grundfreibeträge widerspruchslos geltend machen. Natürlich könnte man den 16 495 deutschen Einkommensmillionären, die der Armuts- und Reichtumsbericht der Bundesregierung aktuell ausweist, die Grundfreibeträge einfach streichen. Das würden sie vermutlich nicht einmal bemerken, dem Finanzminister aber brächte das immerhin zwischen 20 und 30 Millionen Euro im Jahr zusätzlich ein. Für Fans von Symbolpolitik zweifellos eine tolle Sache. Aber gerechter verteilt wäre der Reichtum in unserer Gesellschaft so gewiss nicht.

Die Bezahlungsillusion: Warum Einkommen Arbeit nicht entlohnt, sondern ermöglicht

Jede Diskussion über das Thema Grundeinkommen zeigt, dass hinter der Ablehnung dieser Idee im Kern immer der gleiche, leider sehr grundsätzliche Denkfehler steckt. Nämlich die Annahme, mit einem Einkommen würde eine geleistete Arbeit *nach* deren Abschluss bezahlt. Gestützt wird dieser Irrtum durch eine im

Grunde beliebige arbeitsrechtliche und buchhalterische Praxis. Nämlich, dass Löhne und Gehälter immer erst am Monatsende überwiesen werden. Keine Frage: Man bekommt für zwölf Monate Arbeit auf jeden Fall mindestens zwölf Mal Geld. Aber man muss seinen Lebensunterhalt im ersten Monat eben aus anderen Quellen vorfinanzieren. Anders gesagt: Um bis zur ersten Gehaltszahlung überhaupt arbeiten zu können, muss man bereits ein Einkommen *haben*, das diese Arbeit überhaupt *ermöglicht*.

Meist müssen arbeitende Menschen sogar investieren, bevor sie mit der Arbeit loslegen können. Handwerker zum Beispiel, die teure Werkzeuge benötigen. Oder Bankangestellte, die sich vor ihrem ersten Arbeitstag komplett neu einkleiden müssen. Ihre Monatskarte beispielsweise können sie erst am Jahresende steuerlich geltend machen. Bezahlen müssen sie sie aber immer am Ersten eines Monats.

Dass Arbeit durch Einkommen überhaupt erst ermöglicht wird, erkennt man am deutlichsten daran, dass in einer entwickelten Volkswirtschaft ohne schulische und berufliche Ausbildung praktisch niemand wirklich sinnvolle Arbeitsleistungen erbringen kann. Weshalb von Schülern ja auch so gut wie niemand verlangt, sie sollten nebenher gefälligst Geld verdienen. Weshalb Unternehmen ihre Auszubildenden bezahlen, obwohl deren Arbeitsleistung rein betriebswirtschaftlich betrachtet eher selten deren Vergütungen deckt. Weshalb Studenten, die ihr Studium komplett selbst finanzieren müssen, die avisierten Regelstudienzeiten ganz fix mal um 50 bis 100 Prozent überschreiten. Oder am Ende ihres Studiums auf gigantischen Schuldenbergen aus Studienkrediten hocken.

Buchverlage gehören übrigens zu den wenigen Unternehmen, die den Zusammenhang zwischen Einkommen und Arbeit schon immer richtig verstanden haben. Sie wissen: Ein Buch zu schreiben dauert Monate oder Jahre. In dieser Zeit werden Autoren von ihrer Inspiration aber nicht satt. Weswegen Verleger, die irgendwann Bücher verkaufen wollen, ihnen meist einen Vorschuss zahlen. Keine Sorge: Reich dabei werden nur sehr, sehr wenige. Die meisten können vom Schreiben allein nicht einmal leben. Aber immerhin können sie während eines Teils ihrer Zeit am Schreibtisch leidlich über die Runden kommen.

Nicht anders ist es mit all den Einkommen, die Menschen nach vollbrachter Tat anderen für irgendetwas geben. Oberflächlich sieht das dann so aus, als bezahle man andere für bereits geleistete Arbeit. Wenn wir Dienstleistungen in Anspruch nehmen, zahlen wir meist hinterher. Wenn wir Waren kaufen, ist das nur bedingt möglich. Zwar können wir ein Sofa auf Raten erwerben, aber die zahlen wir an eine Bank. Der volle Preis für das Sofa wird sofort fällig. Und nicht erst, wenn es seinen Dienst nach Jahren getan hat.

Bei Lichte betrachtet passiert dann aber Folgendes: Wir bezahlen überhaupt nicht für das Sofa. Denn das Sofa ist ja fertig. Und alle Leistungen, alle Einkommen der Menschen, die das – genau – *ermöglicht* haben, wurden auch längst abgerechnet. Mit meinem Geld bezahle ich also nicht etwa die Rohstoffe, Vorprodukte und Arbeiten, die in diesem Sofa stecken. Die sind schon bezahlt. Ich ermögliche vielmehr künftige Einkommen, künftige Sofas. Denn der Möbelhändler wird neue Sofas bestellen. Die Möbelfabrik kauft wieder neues Material ein und bezahlt ihre Angestellten. Im nächsten Monat selbstredend.

Wer glaubt, ein Einkommen sei eine Bezahlung für bereits geleistete Arbeit, der guckt also – sozusagen durch die Brille der Betriebswirtschaft – in die falsche Richtung. Er verfolgt den Abrechnungsstrom. Keine Frage, das muss sein. Buchhaltung ist eine höchst ehrenwerte und sehr notwendige Tätigkeit. Aber sie ist ökonomische Vergangenheitsbewältigung.

Eine Wirtschaft als Ganzes sollte dagegen vernünftigerweise in die Zukunft schauen. Und das heißt: auf ihren Wertschöpfungsstrom. Gemäß Albert Einsteins Aussage: »Mehr als die Vergangenheit interessiert mich die Zukunft, denn in ihr gedenke ich zu leben.« Werte werden aber nun gerade nicht geschaffen, weil ständig alle die Hand aufhalten. Sondern weil Menschen oder Unternehmen ständig investieren. In Arbeit. In Einkommen. In neue Ideen. Weil Menschen ständig etwas leisten, von dem sie annehmen, dass andere darin demnächst einen Nutzen erkennen werden.

Und weil Menschen, die von den Grundsorgen des Daseins befreit sind, viel eher darauf kommen, was sie Sinnvolles anfangen könnten, darum wäre ein BGE das schiere Gegenteil einer Prämie fürs Nichtstun. Es wäre vielmehr der Teil des Einkommens, der den Blick nach vorne richtet. Weg von der Abrechnung, hin zur Wertschöpfung. Weg von der Leistung für sich selbst, hin zur Leistung für andere. Weg von der Sorge um Arbeitsplatz und Einkommen, hin zum sozialen Sinn von Arbeit.

Überall Faulpelze: Dunning-Kruger und die soziale Hängematte

Reden wir kurz über Faulheit. Nicht über Muße, die ja eine wesentliche Voraussetzung für Kreativität ist. Nicht über mehr oder minder sinnreiche Freizeitaktivitäten, die ein enormer Wirtschaftsfaktor sind. Und natürlich auch nicht über ausreichenden Schlaf, ohne den wir sehr schnell krank werden. Reden wir über sinnfreies Nichtstun. Übers »rumhängen« oder »chillen« auf Partys und Sofas, vor Fernsehern oder in schummrigen Kneipen.

Ein gängiger Einwand gegen die Idee des Grundeinkommens lautet ja, dass nach dessen Einführung kaum noch wer arbeiten würde. Außer mir natürlich! In Umfragen schlägt sich diese gespaltene Meinung meist so nieder: 90 Prozent der Leute sagen, dass sie selbstverständlich auch mit einem Grundeinkommen weiterarbeiten würden. Aber mindestens die Hälfte von ihnen ist felsenfest davon überzeugt, dass die meisten ihrer Mitmenschen sofort den Hammer fallen lassen würden. Das ist ähnlich wie bei der Selbst- und Fremdeinschätzung von Autofahrern. Auch da denken die meisten von sich, sie seien Asse am Steuer, die anderen hingegen mehrheitlich verkehrsgefährlich. Das stärkste Selbstvertrauen haben übrigens junge Männer; genau die, die überdurchschnittlich viele Unfälle verursachen.

Ganz gleich, zu welchen ihrer Fähigkeiten, Kenntnisse oder Einstellungen man Menschen befragt: Fast immer halten sie sich für besser als sie 60 bis 70 Prozent ihrer Mitmenschen einschätzen. Nach den beiden Psychologen Justin Kruger und David Dunning, die das 1999 in einer großen Studie nachweisen konnten, nennt man dieses Phänomen Dunning-Kruger-Effekt.

Nehmen wir den deutschen Durchschnittsverdiener, der derzeit im Jahr rund 41 000 Euro brutto verdient und damit über ein monatliches Nettoeinkommen von 2 000 Euro verfügt. Sollten sich die meisten Menschen tatsächlich mit 1 000 Euro im Monat begnügen, dann würden sie – hypothetisch – ab Monatsmitte zu Hause bleiben. So die Vorgesetzten Einwände erheben sollten, würden sie zumindest versuchen, auf eine Teilzeitstelle zu wechseln. Oder Freiberufler mit hohen Beraterhonoraren? Würden sie mit Grundeinkommen vornehmlich ihren Hobbys nachgehen?

Wer würde das tatsächlich machen? So gut wie niemand. Und warum? Weil die meisten Menschen mehr Wünsche und Bedürfnisse haben, als solche, die sich allein mit einem Grundeinkommen finanzieren ließen. Es ist für uns schlicht ein Rätsel, wie Menschen, die an Stammtischen die Geldgier anderer geißeln oder in Volkswirtschafts-Vorlesungen den unstillbaren Drang des *Homo oeconomicus* zur Wohlstandsmehrung preisen, ernsthaft glauben können, dass neun von zehn Menschen nur noch in der Nase bohren würden, sobald sie zehn Hunderter im Portemonnaie haben.

Selbst wenn sie ihren Job hassen – die meisten Menschen wollen schlicht und einfach mehr haben.

Der entscheidende Punkt ist ein anderer: Das BGE befreit die Menschen von der Sorge, ohne gewerbliches Einkommen sofort *überhaupt kein Einkommen* mehr zu haben. Genau das, nämlich existenzielle Ängste, treibe die Leute zur Arbeit an, erklärt man uns dann. Leider genießt die Psychologie unter Ökonomen und Technikern keinen besonders guten Ruf. Besser wäre es, sie würden zu ein paar Pflichtkursen in dieser Disziplin verdonnert. Dann würden nämlich auch sie endlich begreifen, dass existenzielle Sorgen den Menschen nicht motivieren – sondern lähmen!

Schon ein Anspruch auf zwölf Monate Arbeitslosengeld I beruhigt heute nur noch wenige. Minijobber, Zeitarbeiter oder Handwerker und Freiberufler, die gerade eine Auftragsflaute oder zu viele offene Rechnungen haben, schalten sofort in den Panikmodus. Von daher ist ein Grundeinkommen kein Grill im Dauerbetrieb, von dem aus uns die gebratenen Tauben in den Mund fliegen. Es ist lediglich ein Basislager, von dem aus jeder mit ausreichendem Proviant ins Abenteuerland der wirtschaftlichen Aktivitäten aufbrechen kann.

Anders als bei allen derzeitigen, stets vielfach bedingten Sozialtransfers, wird beim *Bedingungslosen* Grundeinkommen nämlich auch nichts »angerechnet«. Ab dem ersten zusätzlich eingenommenen Euro ist jedes Einkommen ein Mehr, kein Anstatt. Wirtschaftsliberal gesprochen: Leistung lohnt sich immer sofort.

Hartz IV funktioniert bekanntlich genau umgekehrt: Wer für

ein paar hundert Euro arbeiten geht, verhält sich ökonomisch gesehen schlicht irrational. Erstaunlicherweise machen das trotzdem sehr viele Menschen. Irgendwas kann an der Theorie, dass es den Leuten nur ums Geld geht, also nicht stimmen. Doch selbst wenn man der irrigen Annahme folgt, die meisten würden ausschließlich des Verdienstes wegen arbeiten, sollte jeder verstehen können: Das »Grund...« in »Grundeinkommen« ist der entscheidende Anreiz weiter zu arbeiten.

Nur ein Grundeinkommen schafft Gleichgewicht am »Arbeitsmarkt«

Menschliche Arbeit ist ein kaum zu entwirrendes Gemisch aus geistigen und praktischen Fähigkeiten. Sie beruht auf Wissen, Erfahrung, Fertigkeiten, Übung. Manchmal hat man einfach Pech, manchmal kommen einem Eingebung, Glück oder Zufall zu Hilfe. Jede Idee, jede Leistung ist mit dem arbeitenden Individuum untrennbar verbunden. Arbeit nach aufgewendeter Arbeitszeit zu bewerten ist darum eine Krücke, die nicht ohne Grund immer mehr aus der Mode kommt. Dem Wunderkind der genormten Fließbandarbeit, dem »Stücklohn«, geht es kaum besser. Zielvereinbarungen, ergo Prognosen exakt zu kalkulieren erweist sich, vorsichtig formuliert, als schwierig. Nicht jede Kennzahl, die mit dem Schein mathematischer Exaktheit in den Excel-Tabellen der Controller herumschwirrt, ist so objektiv, wie sie tut.

Schlicht und einfach grober Unfug ist die gebetsmühlen-
artig hergeleierte Formel von der »Schaffung von Arbeitsplätzen«. Wirtschaftliche Tätigkeit versorgt Menschen einerseits
mit Gütern und Dienstleistungen, andererseits mit Einkommen.
In beiden Fällen geht es im Grunde darum, Menschen dafür zu
gewinnen, dass sie ihre Ideen, Kenntnisse und Fähigkeiten der Allgemeinheit zur Verfügung stellen. Sei es, indem sie motiviert sind,
Güter oder Dienstleistungen als Einzelner kommerziell anzubieten. Sei es, dass sie gute Gründe haben, das zusammen mit anderen in (kleinen, mittleren oder großen) Unternehmen zu tun.

Für Letzteres wiederum können Menschen genau vier Gründe
haben. Erstens: Sie erkennen einen Sinn im Ziel und Zweck eines
bestimmten Unternehmens oder Projektes. Zweitens: Sie haben
Freude an ihrer Tätigkeit selbst. Drittens: Sie haben Freude an Gemeinschaft; an der Zusammenarbeit mit anderen Menschen, an
sozialen Kontakten, an Anerkennung, Renommee oder Status.
Viertens: Geld.

Der Knackpunkt: Je weniger einer der ersten drei Gründe er-
kennbar ist, desto stärker sollte für Menschen eigentlich das Argument Geld ziehen. Leider trügt der Schein auch hier. Wertschaf-
fende, kreative und erfüllende Arbeit mit hohem Sozialprestige
wird entweder ohnehin gut bezahlt. Oder sie wird es nicht – hier
liefert etwa der Kulturbereich Beispiele zuhauf. Dann aber halten
sie einige für so sinnvoll und befriedigend, dass sie sie gleichwohl
machen. In besonders elitären Berufsgruppen kann sich das Verhältnis von Status und Einkommen sogar umkehren. Die Höhe

der Bezüge spiegelt dann fast nur noch Macht und Status wider, nicht mehr oder minder ominöse Leistungen. Und bei Verlust der »Position«, wie beispielsweise in der Politik oder im Topmanagement, ist der Statusverlust das größere Problem.

In Wirklichkeit müsste es doch so sein: Je sinnloser oder übler ich ein Unternehmen finde; je anstrengender, würdeloser oder langweiliger eine Arbeit ist; je weniger ich meine Kolleginnen und Kollegen ausstehen kann; je geringer die Aussicht auf Anerkennung für meine Arbeit ist – desto mehr sollte ich den Lohnzettel im Blick haben. Kurzum: Je unattraktiver eine Arbeit, desto höher müsste im Grunde das »Schmerzensgeld« sein.

Warum das meist nicht so ist? Ganz einfach: Es gibt kein Bedingungsloses Grundeinkommen. Vor allem für Menschen mit weniger guten beruflichen Qualifikationen führt das dazu, dass sie praktisch nicht Nein sagen können. Nein zu physisch sehr anstrengenden, schmutzigen oder ekligen Arbeiten. Nein zu extrem monotonen Tätigkeiten. Nein zu schlecht geführten Unternehmen oder zu Vorgesetzten, von denen sie unwürdig behandelt werden. Nein zu Unternehmen, die ihre Kunden lediglich übers Ohr hauen wollen. Und so weiter.

Genau darum – weil hier nur eine Seite Nein sagen kann – ist der »Arbeitsmarkt« kein Markt. Was ist das Wesensmerkmal von Märkten? Genau: Sie müssen nicht jeden Mist kaufen. Sie können als Kunde jederzeit Nein sagen.

Orthodoxe Marktwirtschaftler werden nun erklären, genau so sei das doch am Arbeitsmarkt. Da seien eben die Unternehmen die Kunden für Arbeitsleistung, und die, denen sie Arbeit »geben«, die Arbeitnehmer, seien die Anbieter. Wenn deren Profile, Qualifikationen oder zu erwartenden Leistungen nichts taugten, dann würden die Kunden eben ablehnen. Oder nur bei – notfalls auch extremen – Rabatten zugreifen.

Nun ist menschliche Arbeit aber gerade keine Ware. Arbeit taugt nur etwas, wenn sie auf der Initiative des Einzelnen beruht. Für einfache, vorgegebene, genormte Verrichtungen sind Maschinen besser geeignet. Aus dem ökonomischen Zwang, etwas machen zu müssen, um so das Existenzminimum zu sichern, erwächst keine Initiative. Eher weckt der Zwang inneren Widerstand. Um Menschen initiativ werden zu lassen, müssen Unternehmen sie tatsächlich »gewinnen«.

Das aber heißt: Nicht die Unternehmen sind hier die Kunden, sondern die Menschen, die für sie tätig werden sollen. Weshalb Firmen nicht etwa Arbeitsplätze anbieten sollten, sondern eine möglichst breite Palette von *Entfaltungsmöglichkeiten*. Wo Arbeit dagegen per se unattraktiv ist, liegt es im Interesse beider Seiten, den Arbeitsplatz möglichst schnell zu »vernichten«. Wenn das nicht geht, und manchmal geht das ja tatsächlich nicht, dann muss man die Arbeit attraktiver machen: Unternehmensziele setzen, die *anderen* sinnvoll erscheinen. Freude an Tätigkeiten ermöglichen. Gemeinschaft fördern und echte Anerkennung vermitteln. Und in Fällen, wo das schwierig ist: die Arbeit wenigstens gut bezahlen.

Dann – und nur dann – machen potenzielle Mitarbeiter das, was alle Kunden machen: Sie greifen zu, wenn Preis und Qualität stimmen; und sie sagen Nein, wenn das nicht der Fall ist. Erst ein BGE würde daher echtes Gleichgewicht am Arbeitsmarkt herstellen.

»Unproduktive Tätigkeiten«: Wenn alle nur noch malen

Den nächsten Verwandten des Faulpelz-Arguments der Gegner des BGE nennen wir das »Hobby-Argument«. Dieser Einwand geht so: Wenn Menschen mit Grundeinkommen nicht nur bei Bier und Chips vor der Glotze hocken, dann werden sie es als Chance verstehen, sich fortan allem möglichen »unproduktiven« Unsinn zu widmen.

Deutschland würde zum Land der Häkelgruppen, Seidenmalerei-Kurse und Ayurveda-Workshops verkommen. Millionen volkswirtschaftlich überzähliger Geisteswissenschaftler würden nur noch Gedichte schreiben, abseitige Blogs betreiben oder auf ewig in Oberseminaren sitzen, die sich z. B. der Geschichte, Sprache und Kultur des Volkes der Hethiter widmen. Verkrachte Künstler, Schauspieler und Musiker ohne jede Aussicht auf Verkäufe oder Engagements würden ihre Jobs als Taxifahrer oder Kellnerinnen hinschmeißen – und noch mehr miserable Bilder malen, auf Straßen und in Gaststätten herumlärmen oder in Hinterhöfen seltsame Experimentaltheater eröffnen.

Mag alles sein. Na und? Zum Häkeln braucht es Nadeln und

Garn. Deren Verkauf schafft Arbeit und Einkommen. Wer zehn Ayurveda-Kurse besucht hat, kommt unter Umständen auf die Idee, selbst Ayurvedalehrer zu werden. Ist das kein Beruf? Oder gar unproduktiver als das Anbieten von Zahnzusatzversicherungen in Callcentern? Womöglich hätte Kafka in seinem kurzen Leben der Weltliteratur fünf weitere Romane geschenkt, wenn er nicht 14 Jahre bei der *Arbeiter-Unfallversicherungs-Anstalt* hätte arbeiten müssen. Umgekehrt: Wie lange würde jemand wirklich ausschließlich Bilder malen, die selbst geschenkt keiner von ihm haben will?

Irgendwie scheint man es einem Ökonomen mit kulturellen Tätigkeiten kaum recht machen zu können. Ist man hauptsächlich auf Geld aus, dann findet er das als gebildeter Privatmann schnell »zu kommerziell«. Verpflichtet man sich dagegen allein dem Wahren, Guten und Schönen, dann wird man zum Schmarotzer an einem Wohlstand, den angeblich nur die anderen erwirtschaften. Obwohl doch selbst der mieseste Maler unter anderem auch Leinwand, Pinsel und Farbe kaufen muss.

Sicher ist immerhin eins: Wer gegen Ende der Schulzeit seine Liebe zu Programmiersprachen oder zum Maschinenbau entdeckt hat, den wird die Aussicht auf ein Grundeinkommen kaum zur Lyrik verleiten. Womit wir wieder beim Dunning-Kruger-Phänomen sind: Meine Arbeit bringt die Wirtschaft voran! Die meisten anderen allerdings machen sich bloß auf meine Kosten einen schönen Lenz. Diese Argumentation läuft oft nur darauf hinaus, dass ein paar Leute weiter in Ruhe ihre Verachtung für alles Geistige und

Musische pflegen wollen. Die Idee des Grundeinkommens ist für sie ein weiterer Beweis, dass Kultur – mit ihren Steuern subventioniert – entweder nur was für bildungsbürgerliche Schnösel ist. Oder, wenn von Laien gemacht, völlig nutzloser Quatsch.

Vom »Verschwinden« der Arbeit

Im Grunde war die Wirtschaft schon immer dadurch getrieben, Arbeit zu erleichtern, sie geschickter, schlauer oder ressourcensparender zu organisieren – oder sie statt von Menschen von Naturkräften, Tieren oder der Technik erledigen zu lassen. Die kapitalistische Marktwirtschaft hat das Ersetzen menschlicher Arbeit durch Maschinenarbeit zu einem ihrer Prinzipien gemacht. Rationalisierung bedeutet seit Beginn des 18. Jahrhunderts: konsequente und immer raschere Abschaffung der »einfachen« Arbeit.

Zurzeit läuft dieses Spiel unter dem Stichwort »Industrie 4.0«. Nachdem Maschinen in den letzten 300 Jahren immer mehr Arbeitsschritte vom Menschen übernommen haben, sollen die Maschinen der nächsten Generation nun auch immer weniger von Menschen bedient, gesteuert und kontrolliert werden. Das übernehmen Computer und Software, also digitale Maschinen. Während diese Entwicklung für die Kontrolleure der Kontrolleure – also vor allem für IT-Experten und Ingenieure – eine gute Nachricht ist, müssen Fach- und Hilfsarbeiter zittern. Ebenso Zugführer, Straßenbahn-, Bus- und Taxifahrer oder Trucker. Deren Fahrzeuge, so ernsthafte Prognosen, werden sich in fünf bis zehn Jahren allesamt selbst steuern.

Und nicht nur das: Nach den Handarbeitern wird auch die Mehrzahl der Kopfarbeiter dran sein. Immer mehr einfache und mittlere Büro- und Verwaltungstätigkeiten werden zukünftig Computer, Netzwerke und »lernende Systeme« eigenständig erledigen. Ein Kahlschlag, den sich derzeit noch kaum wer vorstellen kann. Wetterberichte werden heute schon automatisch aus Rohdaten generiert. Selbst wenn ihr Sprachrepertoire geringer bleiben sollte: komplexe Algorithmen und sich selbst steuernde Kameras könnten alsbald mindestens ebenso gute Spielanalysen liefern wie Sportjournalisten.

Spezialcomputer werten die Daten hochkomplexer Diagnosegeräte bereits sehr viel schneller und präziser aus als Ärzte oder andere Experten. Heißt: Anamnese und Diagnose werden zu Maschinenarbeit. Wie lange Mediziner aus Fleisch und Blut noch für die Therapien zuständig sein werden, möchte man gar nicht wissen. Um von Horrorvorstellungen wie Pflegerobotern ganz zu schweigen.

Wie viele Arbeitsplätze im Zuge der nächsten Runde der »digitalen Revolution« wegfallen werden, wie viele neue für immer besser Ausgebildete entstehen, wie viele Menschen sich jeweils in welcher Zeit weiterbilden oder beruflich komplett neu orientieren müssen – zu all diesen Fragen jagen sich die Prognosen und Studien derzeit im Wochenrhythmus. Darüber haben wir schon im ersten Kapitel geschrieben. Hier werfen wir stattdessen einen kurzen Blick zurück.

Nie waren in Deutschland mehr Menschen erwerbstätig als derzeit: 43,5 Millionen. Die Wirtschaft brummt, das Bruttoinlandsprodukt steigt, Deutschland ist derzeit sogar wieder »Exportweltmeister«. Schön. Aber wie viel arbeiten diese 43,5 Millionen Menschen tatsächlich? Und zu welchen Konditionen tun sie es?

Sozialversicherungspflichtig beschäftigt sind derzeit knapp 32 Millionen Menschen. 23,1 Millionen arbeiteten davon im November 2016 in Vollzeit. 1992 waren es noch 25,8 Millionen. Die Zahl der sozialversicherungspflichtig in Teilzeit Beschäftigten lag damals bei 8,62 Millionen. Schon klar, es gibt Menschen, die aus verschiedensten Gründen freiwillig in Teilzeit arbeiten. Dennoch ging es zwischen 1992 und Ende 2016 mit den Vollzeitstellen um 10,5 Prozent bergab, die Zahl der Teilzeitarbeiter dagegen stieg um 145 Prozent. Schließlich: Fast ein Viertel der Arbeitnehmer in Deutschland (22,5 Prozent) verdient 10,50 Euro brutto in der Stunde oder weniger. Damit verfügt Deutschland über einen der größten Niedriglohnsektoren in Europa.

Parallel dazu sinkt die Zahl der geleisteten Arbeitsstunden pro Arbeitnehmer seit der Wiedervereinigung – und zwar kontinuierlich. Die Zahl der Arbeitslosen hat sich verringert, weil die Arbeit auf mehrere Schultern verteilt wurde. Es arbeiten mehr Leute, sie arbeiten aber weniger. 1991 etwa waren in der BRD 38,79 Millionen Menschen erwerbstätig. Heißt: Die Zahl der Erwerbstätigen stieg seitdem saisonbereinigt um 12,2 Prozent. Die Zahl der insgesamt geleisteten Arbeitsstunden jedoch liegt 2,2 Prozent unter dem Niveau von 1991.

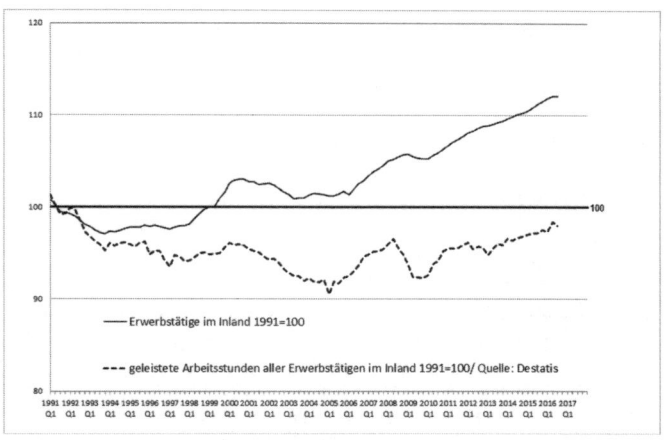

Abb. 1: Entwicklung der Zahl der Erwerbstätigen und der von ihnen insgesamt geleisteten Arbeitsstunden; Zahlen saisonbereinigt

Im OECD-Vergleich lag Deutschland 2015 mit 1371 Arbeitsstunden pro Jahr und Beschäftigtem auf dem letzten Platz. Beim Spitzenreiter Mexiko arbeiteten die Menschen 2246 Stunden, in den USA 1790, in Österreich und der Schweiz um die 1600 Stunden. Der OECD-Schnitt lag bei 1766 Stunden. Es scheint, als sei Deutschland statistisch gesehen eine Nation von Faulpelzen.

Tatsächlich spiegeln die Zahlen die hohe Produktivität der Arbeit. Keine Frage: Produktivitätsfortschritt ist wunderbar. Aber er tut eben auch genau das, was er tun soll. Das heißt: Entweder werden mit gleichem Arbeitseinsatz mehr Güter und Dienstleistungen erzeugt, oder die gleiche Menge Güter und Dienstleistungen

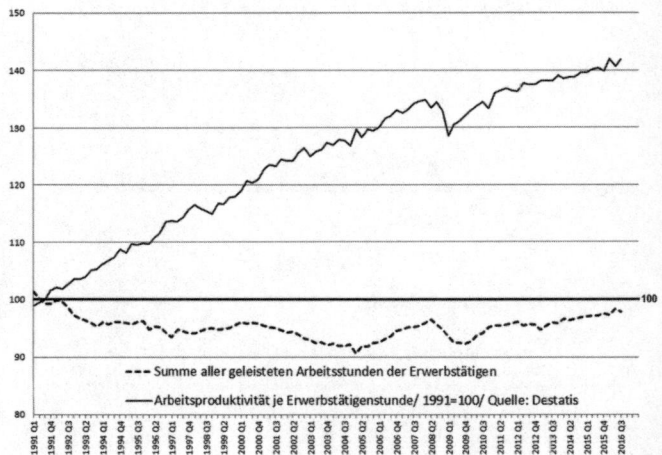

Abb. 2: Entwicklung der Summe aller geleisteten Arbeitsstunden der Erwerbstätigen und der Arbeitsproduktivität je Erwerbstätigenstunde. Während die geleisteten Arbeitsstunden aller Erwerbstätigen im 3. Quartal 2015 noch um 2,2 Prozent unter dem Niveau von 1991 liegen, zog die Arbeitsproduktivität je Stunde um 41,9 Prozent an.

kommen mit weniger Arbeitseinsatz zustande. Da uns seit Jahrzehnten mal mehr, mal weniger gut beides zugleich gelingt, kann man die Bundesrepublik Deutschland gerne Musterknabe des kapitalistischen Fortschritts nennen.

Arbeit am Menschen

Mehr Werte schaffen *und* deutlich weniger dafür arbeiten. Hätte man das Adam, Eva und ihren unmittelbaren Nachkommen erzählt, dann hätten sie darin die denkbar größte historische Ironie Gottes erkannt: »Ein paar Tausend Jahre lang verdient Ihr Euer karges Brot im Schweiße Eures Angesichts. Dann findet Ihr endlich den Hintereingang zum Paradies – und jammert über das Verschwinden der Arbeit! Geht's noch?«

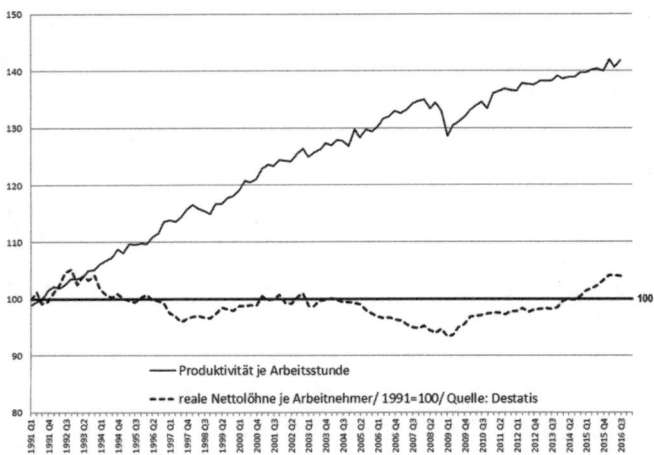

Abb. 3: Entwicklung der Arbeitsproduktivität je Stunde und der realen Netto-löhne von 1991 bis 2016

All das wäre denn auch kein sonderliches Problem, wenn die Fortschritte bei der Produktivität und die Entwicklung der Einkommen halbwegs miteinander im Einklang stünden. Leider war im letzten Vierteljahrhundert das Gegenteil der Fall. Und zwar keineswegs nur in Deutschland, hier aber im internationalen Vergleich besonders deutlich. Während die Produktivität je geleisteter Arbeitsstunde zwischen 1991 und 2016 um fast 42 Prozent zulegte, stagnierten die Nettolöhne nahezu. Sie stiegen im gleichen Zeitraum um gerade mal 3,9 Prozent.

Vor allem deswegen, weil sich der Arbeitsmarkt immer stärker gespalten hat. Im industriellen Sektor geht der Bedarf an Arbeitsleistung im Zuge der technologischen Entwicklung und des Produktivitätsfortschritts eher zurück, die Wertschöpfung dagegen durch die Decke. Im Bereich der Dienstleistungen, wo es bei Lichte besehen oft wenig bis nichts zu rationalisieren gibt (beste Beispiele: Pflege, Gastronomie, Kultur), kommt dieser Fortschritt dagegen in Gestalt von prekären Beschäftigungen und stagnierenden bis sinkenden Einkommen daher. Ein BGE wäre daher nicht zuletzt ein Beitrag dazu, den praktisch kaum einholbaren Vorsprung der Maschinenarbeit zugunsten dessen einzuebnen, was ich (GWW) immer »Arbeit am Menschen« nenne.

Der stärkste Druck in Richtung BGE dürfte am Ende aber wohl aus einer nochmals ganz anderen Richtung kommen. Was wir im soeben beschriebenen Zeitraum erleben, das ist weniger das »Verschwinden« der Arbeit. Es bedeutet vor allem das Ende fast aller kontinuierlichen Erwerbsbiografien. Von der Lehre bis zur Rente im gleichen Unternehmen arbeitet heute kaum noch jemand. Froh kann schon sein, wer mit 55 Jahren noch die gleiche Berufsbezeichnung führt wie in jüngeren Jahren.

Ständige Weiterbildung, gelegentliche Neuqualifikation, hin und wieder auch eine komplette berufliche Umorientierung sind von der Ausnahme zur Regel geworden. Beruf, Familie und biografische Sinnfindung für alle, für Männer wie Frauen gleichermaßen, unter ein und denselben Hut zu bringen, dafür braucht es immer öfter Auszeiten. Etwas plakativ formuliert: Im Spiel namens Kapitalismus 4.0 steht kaum noch jemand 90 Minuten auf dem Rasen. Ein Grundeinkommen wäre so gesehen nichts anderes als jene Reservebank, auf der heute selbst bei Vereinen der zweiten Reihe Spitzenspieler sitzen.

Selbstversorgung und Fremdversorgung

Die Idee eines Bedingungslosen Grundeinkommens, so ihre Gegner, leugne nicht allein den Umstand, dass der Mensch von Natur aus faul und egoistisch sei. Sie sei zudem eine einfältige Utopie. Geld fürs Nichtstun! Wo gibt's denn so was? Beziehungsweise: Wo hat es so etwas je gegeben? Antwort: Über weite Strecken der Geschichte, und zwar vom Beginn unserer Sesshaftigkeit vor 10 000 Jahren bis ungefähr ins 18. Jahrhundert.

Richtig am »Utopie-Argument« ist lediglich eins: Es gab früher kein *Geld* fürs Nichtstun. Das liegt aber einzig daran, dass

Geld in der Geschichte der Menschheit erst seit etwa 300 Jahren eine derart zentrale Rolle spielt. Sicher: Tausch und Handel gab es immer. Und Geld in Form von Münzgeld existiert seit etwa 2700 Jahren. Aber »Märkte« im Sinne allgegenwärtiger Scharniere zwischen Arbeit, Produktion und Konsum gibt es erst seit Beginn des 18. Jahrhunderts.

Der weitaus größte Teil der wirtschaftlichen Tätigkeit der Menschen vollzog sich zuvor unabhängig von Handel und Geld. Noch bis gegen Ende des 19. Jahrhunderts waren die meisten agrarische Selbstversorger. Fast alles, was sie fürs bescheidene tägliche Leben benötigten, bauten sie selbst an und stellten sie selbst her. Was sie nicht selbst erzeugen konnten, besorgten sie sich via Naturaltausch oder lokalem Kleinhandel bei anderen Bauern oder Handwerkern in der näheren Umgebung. Städtische Kaufleute dagegen handelten mit Waren, für die die Landbevölkerung so gut wie keine Verwendung hatte.

Die Selbstversorgungswirtschaft wurde erstmals im England des frühen 18. Jahrhunderts demontiert. Da nämlich bemerkten die Großgrundbesitzer, dass sich mit Wolle bessere Geschäfte machen ließen als mit Getreide. Sie vertrieben die meisten ihrer Pächter von ihren Äckern, machten daraus Schafweiden – und hatten es plötzlich mit einem Proletariat ohne jegliche Einkommensmöglichkeiten zu tun. Der Rest der Geschichte ist die Geschichte des modernen industriellen Kapitalismus. Seitdem geht ohne Geld so gut wie nichts mehr.

Was das mit dem Grundeinkommen zu tun hat? Ganz einfach: In Agrargesellschaften, in denen die allermeisten Menschen *Selbstversorger* sind, steht ihnen ein Grundeinkommen in Form von Grund und Boden zur Verfügung. Nicht unbedingt in Form von privatem *Eigentum* an Grund und Boden. Aber in Form von *Besitz*; das heißt: dem Recht, über Ackerland, Wald oder Weiden zu verfügen. Keine Frage, die Menschen mussten hart arbeiten, um diesem Boden ein Naturaleinkommen abzugewinnen. Aber sie mussten nicht auch noch arbeiten, um überhaupt über Grund und Boden verfügen zu dürfen.

Bei den alten Babyloniern, Sumerern und Ägyptern gehörte alles Land den Palästen und Tempeln. Diese verpachteten ihr Land gegen Teile des Ertrags. Oder sie sammelten alle Erträge ein und verteilten diese wieder. Weil nicht alle Pächter gleich fleißig, nicht alle Böden gleich gut und nicht alle Teile des Reiches von Wasser und Wetter gleich begünstigt waren, wurde für die Pechvögel der Kredit erfunden. Und weil einige allzu sehr vom Pech verfolgt waren, wurden die Sabbatjahre aus der Taufe gehoben, in denen alle bis dato nicht getilgten Schulden gestrichen wurden.

Mit privatem Immobilienbesitz haben es als Erste die alten Griechen versucht – und hatten keine 100 Jahre später die Probleme von Schuldknechtschaft und Sklaverei am Hals. Bei den alten Römern, die anfangs ebenfalls alle freie Bauern gewesen sind, erhielt später jeder Mann, der zwanzig ordentlich besoldete Dienstjahre bei den Legionen abgeleistet hatte, in den eroberten Provinzen ein Stück Land.

Die Feudalordnungen des europäischen Mittelalters basierten bekanntlich auf dem Grundgedanken, dass die Erde Gott gehört. Folglich konnten seine Stellvertreter auf Erden Verfügungs- und Nutzungsrechte am Land nur verleihen (»Lehen«). Dafür gab es vom Lehnsmann einen Zehnten, der so etwas wie Pacht und Steuer in einem war. Waren die Lehnsherren zu gierig, die Böden ausgelaugt, spielten Wetter und Klima verrückt, kam es zu Seuchen oder zogen sich Kriege zu lange hin, war die Not sehr bald groß. Aber das System funktionierte über mehr als tausend Jahre. Wenn auch oft eher schlecht als recht.

Die Geschichte der USA, der derzeit noch größten Wirtschaftsmacht der Welt, nahm damit ihren Anfang, dass Siedler, die sich in ihren Heimatländern religiös, später auch politisch verfolgt sahen, sehr bald damit begannen, den einheimischen Amerikanern Land wegzunehmen – und anschließend einen großen Teil von ihnen umzubringen. Im 19. Jahrhundert haben sich Millionen von Menschen, die sich in England, Irland, Deutschland, Polen oder Italien nicht mehr ernähren konnten, an diesem »zivilisatorischen« Projekt beteiligt.

Von der Idee des Lehnswesens genesen, machten sich die Neu-Amerikaner um das garantierte Grundeinkommen noch weniger Gedanken. Man baute ein Blockhaus, zog einen Zaun darum, fertig war das Eigentum an Haus und Hof. Dann bekamen die Farmer Ärger mit den Ranchern. Die dachten nämlich in noch größeren Maßstäben als die Schafzüchter. Weshalb sie von Zäunen gar nichts, von fair geregelten Zugängen zu Wasser wenig und von Sheriffs und Richtern auch nicht viel hielten.

Deswegen sollte man den Western als einen bedeutenden Beitrag der USA zum kulturellen Gedächtnis der Menschheit zu schätzen wissen. Ähnlich wie die Mythen der Antike erzählt er nämlich davon, warum gesellschaftliche Ordnungen meist unter großen Schmerzen geboren werden. Und davon, dass man diese Schmerzen zunächst gerne heroisiert; dass man sich aber früher oder später eben auch fragen muss, worin sie eigentlich gründen.

Noch einmal: Unter Bedingungen der Selbstversorgung besteht das Grundeinkommen im prinzipiell bedingungslosen Zugriff auf Grund und Boden. Die letzten stummen Zeugen des »Prinzips Selbstversorgung« kann man bis heute besichtigen, auch wenn sie diese Funktion schon lange nicht mehr erfüllen: in den Kleingartensiedlungen der Städte und in den noch erhaltenen Werkssiedlungen des 19. Jahrhunderts, deren Häuschen ebenfalls über kleine Gärten verfügen.

Der Siegeszug der Industriegesellschaft hat, neben vielem, vor allem dies verändert: Selbstversorgung ist keine Option mehr. Bestenfalls kann sie noch ein unglaublich aufwendiges Hobby sein. Heute leben wir in einer Gesellschaft vollständiger *Fremdversorgung*. Das heißt: So gut wie nichts von dem, was wir zum Leben (und darüber hinaus) brauchen, können wir selbst herstellen. Zwar sagen wir immer noch, dass jemand »von seiner eigenen Hände Arbeit« lebt. Aber das ist nur noch eine Metapher. Ebenso wie heutzutage ja auch niemand mehr die Häute realer Bären verteilt.

Fremdversorgung bedeutet: Wir leben überhaupt nicht von *unserer* Arbeit. Realwirtschaftlich leben wir ausschließlich von der

Arbeit *anderer* Menschen. Und weil wir das Prinzip der Arbeitsteilung dabei immer weiter perfektioniert haben, leben wir schon beim Genuss banalster Konsumgüter von der Arbeit Tausender Mitmenschen.

Daraus folgt zweierlei. Erstens kann unter Bedingungen totaler Fremdversorgung niemand mehr ein purer Egoist sein. Selbstversorger neigen zum Egoismus, weil ihre Motivation zur Arbeit aus guten Gründen dann erlahmt, wenn Scheune und Keller gefüllt sind. In der Fremdversorgung hingegen muss jeder als Erstes darüber nachdenken, ob seine Arbeit Sinn für andere macht. Unabhängig von Glaube, Werten oder inneren Einstellungen leistet Fremdversorgung daher eher dem Altruismus als dem Egoismus Vorschub.

Aus dem egoistischen Motiv des Geldscheffelns allein folgt ja erst einmal gar nichts. Nur wer sein Startkapital mit der Fähigkeit verbindet, sich in die Bedürfnisse, Wünsche und Träume seiner Mitmenschen hineinzuversetzen, kann ein Geschäft machen. In ökonomischen Sonntagspredigten folgt aus dieser Einsicht das Lob des Unternehmergeistes. Leider meist verbunden mit der Klage, dass dieses wunderbare Talent allzu wenigen gegeben sei.

Bei etwas genauerer Betrachtung entpuppt sich diese Klage aber als Irrtum. Sicher, wirklich geniale Ideen sind selten. Bahnbrechende Erfindungen und völlig neue Geschäftskonzepte ebenfalls. Selbst mit einer halbwegs passablen Idee macht nicht jeder sofort eine Firma auf. Gleichwohl ist die verbreitete Meinung, den meisten sei ihre Arbeit völlig schnuppe, oft nur eine verächtliche Unterstellung. Siehe den Dunning-Kruger-Effekt.

Und doch gibt es natürlich Menschen, die zu Trägheit, Drücke-bergerei, Schlamperei oder schlechter Laune neigen. Der Denk-fehler solcher Zeitgenossen: Wenn sie diese Neigungen bei der Ar-beit ausleben, dann denken und handeln sie äußerst kurzsichtig. Im Handel kann man das am schnellsten erkennen. Da man heute fast alles fast überall bekommen kann, geht man hauptsächlich wegen der Menschen, die dort arbeiten, in bestimmte Geschäfte. Weshalb faule, unfreundliche, achtlose oder allzu nachlässige Mitarbeiter sich im Grunde selbst entlassen. Und das häufig nicht einmal, weil der Schlendrian ihnen im Blute steckt. Sondern weil es leider auch Unternehmer und Vorgesetzte gibt, die jedwede Initiative von Men-schen in Misstrauen, Kontrolle oder Befehlsketten ertränken.

Zweitens aber, und das ist weitaus entscheidender, kann unter den Bedingungen der totalen Fremdversorgung tatsächlich nie-mand mehr ein eigenes Einkommen erwirtschaften. Ein Einkom-men nämlich in Form all der Güter und Dienstleistungen, die es zum schieren Überleben, andererseits für eine wenigstens mini-male Teilhabe am gesellschaftlichen Leben – und drittens für des-sen mehr oder weniger angenehme Ausgestaltung braucht. Kurz gesagt: Wir müssen schlechterdings alles *kaufen*. Ein Gärtchen, ja selbst ein Acker würden daher niemandem mehr etwas nützen. Selbst Landwirte beziehen heute die meisten ihrer Lebensmittel aus dem Supermarkt.

Bildete in der Selbstversorgung das Verfügungsrecht über Grund und Boden einst das Grundeinkommen für jeden, so braucht in der Fremdversorgung *jeder* Mensch ein Geldeinkommen. Es ist wirklich so: Ohne Moos nix los. Früher war der »Kampf ums Dasein«, an den ja bis heute erstaunlich viele Leute glauben, ohne Acker so gut wie verloren. Heute ist er es ohne Geld. Daher ist ein Grundeinkommen ein Menschenrecht.

Das Recht auf Leben und auf Teilhabe an der Gesellschaft sind unserem aufgeklärten humanistischen Menschenbild nach – und in unserer Verfassung – *unbedingte* Rechte. Die Artikel 1 und 2 unseres Grundgesetzes sind nicht hergeleitet, sie sind eine naturrechtliche Setzung. Kein einziges unserer Grund- und Menschenrechte ist an den Nachweis von Vermögen oder Arbeitsplatz gebunden. Darum darf ein Grundeinkommen für jeden Bürger an keinerlei Bedingungen geknüpft sein. Deshalb muss es freilich auch nur ein *Grund*einkommen sein. Für die Annehmlichkeiten des Lebens, von denen die Menschen zu Recht äußerst verschiedene Vorstellungen haben, muss danach tatsächlich jeder selbst sorgen.

Durchgerechnet: Bemerkungen zur Frage, ob ein BGE finanzierbar ist

Die Frage, ob ein Bedingungsloses Grundeinkommen finanzierbar wäre, wischen nach wie vor viele Leute mit Milchmädchenrechnungen vom Tisch. 1000 Euro für jeden? Sehr witzig!

Bei rund 82 Millionen Einwohnern macht das 984 Milliarden Euro pro Jahr. Einige BGE-Fans sind sogar noch großzügiger und fordern 1500 Euro. Da wären wir dann bei knapp 1,48 Billionen.

Womit die 2016 erwirtschaftete Summe aller Arbeitnehmerentgelte (knapp 1,6 Billionen) nahezu vollständig, das Volkseinkommen (2,34 Billionen) zu fast zwei Dritteln und das Bruttoinlandsprodukt (3,13 Billionen) zu rund 47 Prozent verfrühstückt wären. Noch Fragen?

Nur langsam und zäh setzt sich leider die – an sich nicht schwer zu erlangende – Einsicht durch, dass ein BGE natürlich keine zusätzliche »soziale Wohltat« wäre. Denn selbstredend würde es die vorhandenen Einkommen nicht ergänzen, sondern lediglich zum Teil ersetzen.

De facto haben ja nicht nur die 43,5 Millionen abhängig Beschäftigten, die 4,3 Millionen Selbstständigen (einschließlich mithelfende Familienangehörige) und die rund 20 Millionen Rentner in Deutschland ein Einkommen. Auch die übrigen knapp 15 Millionen Bürger leben nicht von Luft und Liebe. Sie beziehen ihr Einkommen entweder aus verschiedenen staatlichen Transferleistungen oder aus familiären Quellen.

Der Punkt ist: Auf diese Einkommen haben sie entweder nur einen sachlich oder einen zeitlich begrenzten Anspruch – oder eben auch gar keinen. Ein Bedingungsloses Grundeinkommen schafft damit im Kern lediglich den Missstand ab, dass das Existenzminimum sowie eine angemessene soziale und kulturelle Teilhabe für etwa jeden fünften Einwohner der Bundesrepublik nicht bedingungslos garantiert sind. Für alle übrigen Bürger ändert sich unterm Strich wenig: Ihr Nettoeinkommen bleibt gleich. Nur dass mit BGE dann einen Teil desselben die Allgemeinheit finanziert.

Bei vielen Spitzenverdienern würde der jährliche Abzug von 12 000 oder auch 18 000 Euro Grundeinkommen wenig bis gar nicht ins Gewicht fallen. Viel interessanter ist, was nach Einführung eines BGE mit den kleineren Arbeitseinkommen passiert. Mehr als eine Million Berufstätige beziehen gegenwärtig Leistungen nach Hartz IV. Die sogenannten Aufstocker arbeiten, verdienen damit aber weniger, als sie auch so vom Amt bekämen. Und knapp jeder fünfte Aufstocker arbeitet sogar Vollzeit. Im Grunde ist das staatlich geförderte Lohndrückerei. Mit BGE wäre damit sofort Schluss.

Oft werde ich (GWW) bei Vortragsveranstaltungen oder Diskussionen gefragt, wer denn mit 1 000 Euro Grundeinkommen noch im Einzelhandel arbeiten würde. Nun: Eine Verkäuferin verdient in Deutschland durchschnittlich rund 1 500 Euro netto im Monat wenn sie Vollzeit arbeitet. Ich gehe stark davon aus, dass es Verhandlungssache werden wird, ob sie für 500 Euro zusätzlich tätig sein möchte. Abgesehen davon: Mit BGE wird es keine Sozialabgaben mehr geben.

Was wird also nach Einführung eines BGE gesamtwirtschaftlich passieren? Erstens: Alle, deren Geschäftsmodelle auf Hungerlöhnen basieren, müssen sich warm anziehen. Entweder verschwinden sie mangels Mitarbeitern ganz schnell vom Markt, oder sie müssen deutlich besser zahlen. Möglichkeit drei: Sie müssen Arbeiten, die sich nur mit Billiglöhnen kalkulieren lassen, ganz fix automatisieren. Diese Konsequenzen stammen nicht aus verspinnerten Utopien. Man kann sie in jedem Lehrbuch der Marktwirtschaft nachlesen.

Zweitens: Sofern ihre Einkommen am unteren Ende des Gehaltsgefüges rangieren, gewinnen auch Normalverdiener Verhandlungsspielräume. Bei allen Übrigen passiert Folgendes: Ein Teil ihres Einkommens, nämlich ziemlich exakt der Betrag des BGE, wandert vom Anteil der Lohnkosten in den Preisen ihrer Produkte oder Dienstleistungen in den Steueranteil – in unserem Modell ausschließlich in eine Konsumsteuer. Warum das summa summarum sowohl in Bezug auf die Preisbildung wie auch gesamtwirtschaftlich neutral ist, haben wir weiter oben im Steuerkapitel dargelegt.

Allerdings haben auch einige Befürworter des Grundeinkommens eine kleine Milchmädchenrechnung zur Hand. Sie bilden beim Thema Finanzierung flugs eine Quersumme aus allen sozialen Transferleistungen, gegenwärtig sind das knapp 900 Milliarden Euro, plus zugehöriger Verwaltungskosten – sodass sich ein BGE von 1 000 Euro ebenso flugs zu neun Zehnteln finanzieren lässt. Das ist natürlich Unsinn.

Es gibt tausenderlei Gründe, warum jemand grundsätzlich nicht erwerbstätig sein kann, und gleichwohl auf deutlich mehr als ein Grundeinkommen angewiesen ist. So werden etwa Menschen mit schweren körperlichen Einschränkungen auch nach Einführung eines Grundeinkommens zusätzliche – teils erhebliche – Leistungen erhalten. Entsprechende Ansprüche werden auch in Zukunft geprüft, abgewogen und verwaltet. Weshalb das BGE sicherlich nicht sämtliche Sozialetats überflüssig machen wird.

Tatsächlich aufgebracht werden muss das Geld zur Finanzierung eines Bedingungslosen Grundeinkommens – nach Abzug zumindest von Teilen der heute gezahlten Sozialtransfers – nur für jene, deren Einkommen unterhalb des fraglichen Betrags liegt. Dieses sogenannte »Delta« zwischen den aktuell erzielten Einkommen einerseits und den niedrigeren beziehungsweise fehlenden Einkommen andererseits haben wir am Institut für Entrepreneurship der Uni Karlsruhe berechnet, das ich (GWW) bis 2010 geleitet habe. Wir sind dabei von einem Grundeinkommen von zunächst 800 Euro ausgegangen und kamen damals auf eine »Finanzierungslücke« von etwa 70 Milliarden Euro.

In einem wissenschaftlich trockenen Sammelband *(Werner/Eichhorn/Friedrich: Das Grundeinkommen)* stellten wir 2012 weitere detaillierte »Rechenmodelle« vor. Wie auch immer man rechnet, ein BGE lässt sich gewiss nicht aus der Portokasse bezahlen. Aber anders als in den Milchmädchenrechnungen, die bei Talkshows und Podiumsdebatten beredet werden, lassen sich für die fraglichen Summen sehr wohl Strategien zur »Gegenfinanzierung« eines BGE formulieren.

Zunächst aber müssen möglichst viele Menschen verstehen, dass das Thema BGE im Kern kein Rechenproblem, sondern ein Denkproblem ist. Wir müssen die Einkommensströme in unserer Gesellschaft aus einer volkswirtschaftlichen Gesamtperspektive betrachten. Tut man das, dann versteht man: Es geht nicht darum, neue Geld- und Einkommensströme zu generieren. Wir müssen die existierenden nur vernünftiger organisieren. Hat man das begriffen, dann lassen sich auch grundsätzliche Umsteuerungen dieser Ströme rechnen.

Das war bei anderen historischen Systemwechseln – etwa von der Bestands- zur Einkommensbesteuerung oder bei der Einführung der gesetzlichen Sozialversicherung – nicht anders. Ohne Frage wäre die Einführung eines Bedingungslosen Grundeinkommens ein Systemwechsel. Niemand behauptet, dass er einfach wäre. Aber er ist politisch, rechtlich und auch finanziell möglich. Denn: Im Zuge der »Industrie 4.0« werden so viele Jobs wegfallen und nur wenige – zumeist für Top-Fachkräfte – neu entstehen, sodass wir überhaupt keine andere Wahl haben, als ein BGE einzuführen.

Warum ein BGE in Stufen eingeführt werden muss

Für die Einführung eines Grundeinkommens sind drei Strategien denkbar: eine »Labormethode«, eine »Häppchenmethode« und eine »Wellenmethode«. Wir bevorzugen Letztere.

Bei der *Labormethode* wird ein Grundeinkommen nur einer begrenzten Zahl von Personen gewährt oder sein Bezug wird zeitlich befristet; meist werden beide Beschränkungen kombiniert. Dafür gibt es inzwischen eine ganze Reihe von Beispielen. Zwischen 2008 und 2015 etwa haben die Bewohner des Dorfes Otjivero in Namibia ein Grundeinkommen erhalten. Die US-amerikanische Organisation *GiveDirectly* startete 2016 einen Feldversuch, bei dem 6 000 Menschen in Kenia und Uganda mindestens zehn Jahre ein monatliches Grundeinkommen bekommen sollen. Seit dem 1. Januar 2017 beziehen in Finnland 2000 zufällig ausgewählte Arbeitslose anstelle von Arbeitslosengeld eine Art BGE in Höhe von 560 Euro pro Monat.

Ein ähnliches Pilotprojekt existiert seit 2016 im niederländischen Utrecht. Der Internetunternehmer Sam Altman, Großinvestor bei *Airbnb* und *Dropbox*, will für ein Grundeinkommens-Experiment zehn Millionen Dollar bereitstellen. 100 Familien im kalifornischen Oakland sind dafür vorgesehen. Sie sollen für sechs bis zwölf Monate 1000 bis 2000 Dollar pro Monat erhalten. Und das von Michael Bohmeyer 2014 per Crowdfunding initiierte Projekt *mein-bge.de* verlost immer dann ein über zwölf Monate laufendes Grundeinkommen von 1000 Euro, wenn genügend Geld in der Kasse ist.

So unterschiedlich diese Projekte vom Grundgedanken her – wie auch in Umfang und wissenschaftlicher Begleitung ausgestaltet sind – so unterschiedlich sind die Erfahrungen. Immerhin: Alle Experimente widerlegen das einschlägige Argument, Bezieher eines Grundeinkommens würden nur noch faulenzen. Dennoch: Zeitliche und/oder lokale Beschränkungen machen aus einem Bedingungslosen Grundeinkommen natürlich nur ein *bedingtes* Grundeinkommen. Und damit produzieren sie teils genau jene »Mitnahmeeffekte«, die Gegner eines BGE vorhersagen. Wohlgemerkt: Diese Effekte sind fast nie negativer Art. Ob sich Leute eine Auszeit für Kindererziehung und Familie nehmen, ob sie eine Fortbildung machen, promovieren oder einen

Roman schreiben – gegen all dies ist nicht das Mindeste einzuwenden.

Aber all das sieht sich zumindest so lange Einwänden ausgesetzt, wie andere Alleinerziehende Kind und Job unter einen Hut kriegen müssen oder auf Hartz IV angewiesen sind. Wie andere Doktoranden in der Kneipe jobben oder wie Romane nur entstehen, weil Eltern monatlich Geld überweisen. Kurz: Solche Laborexperimente sind interessant, aber im strengen Sinne beweiskräftig sind sie nicht. Und eine geeignete Methode zur schrittweisen Einführung eines BGE sind sie allemal nicht.

Viele bevorzugen daher das, was wir »*Häppchenmethode*« nennen. Hier soll ein Grundeinkommen ebenfalls in mehr oder minder kleinen Schritten eingeführt werden. Genauer: in schrittweise angehobenen Beträgen. Alle bekämen sofort ein Grundeinkommen. Ohne weitere Bedingungen. Und ohne zeitliches Limit. Aber alle bekämen zunächst nur einen kleinen Betrag, der dann je nach Kassenlage und Erfahrungen bei der Umsetzung häppchenweise erhöht würde.

Der entscheidende Haken hier: Womit fängt man an? Setzt man zunächst einen sehr niedrigen Betrag an – sagen wir mal 409 Euro, sozusagen Hartz IV für alle –, dann wird dieser Betrag kaum das Existenzminimum abdecken; geschweige denn Dinge wie ein Zeitungsabonnement oder wenigstens eine Konzertkarte im Monat. Setzt man dagegen den Betrag, den *jeder* Bürger *sofort* erhält, relativ hoch an, dann müssten zu einem bestimmten Stichtag nicht allein gewaltige Geldströme umgeleitet werden. Auch hier müsste dann zumindest am Anfang mit besagten »Mitnahme-effekten« gerechnet werden.

Wie schon gesagt: Es ist kein Problem, wenn jemand mit Grundeinkommen eine Zeit lang nur Gedichte schreibt oder sich ein Sabbatical gönnt. Doch volkswirtschaftlich könnte es – zumal in unserer »erschöpften Gesellschaft« – durchaus zum Problem werden, wenn am Tag X alle Lyriker zugleich zum Stift griffen und alle Burnout-Kandidaten gemeinsam wandern gehen.

Kurz: Auch wenn anfangs an der Höhe eines BGE sicher öfter mal geschraubt werden müsste; auch wenn der Betrag regelmäßig an Preisentwicklung und Wohlstandsgewinne beziehungsweise -verluste angepasst werden muss. Für die optimale Strategie halten wir die zu erwartenden politischen BGE-Biet-Gefechte nicht.

Wir plädieren für die *Wellenmethode* bei der Einführung eines BGE. Und das heißt: Wir reden von Anfang an über einen Betrag, der ein humanes Existenzminimum und ein »Kultur-minimum« deckt. Dieses BGE bekommen aber nicht alle sofort, sondern Schritt für Schritt bestimmte Gruppen. Nicht zwei-tausend oder zwei Millionen ausgeloste Mitbürger. Auch nicht nur die Stuttgarter und die Berliner. Sondern sinnvoll definierte Gruppen.

Mit Abstand Kandidat Nummer eins: Kinder und schulpflich-tige Jugendliche. Wir können gerne debattieren, ob da 16, 18 oder 21 Jahre die sinnreichsten Altersgrenzen bilden. Oder ob man auch noch ein Bachelorstudium mit Grundeinkommen bestreiten darf. Nicht schimpfen! Kindergeld kann man heute unter Umständen auch bis zum 25. Lebensjahr beziehen. Eines jedenfalls bestreitet kein vernünftiger Mensch: Kinder brauchen ein Einkommen. Und sie sollten dafür – kleine Ferienjobs zur Aufbesserung des Taschengelds außen vor gelassen – keinesfalls selbst Geld verdienen müssen.

Über die Höhe dieses Einkommens, auch über gewisse Staffelungen nach Alter und Ausbildungssituation, kann man wieder diskutieren. Aber im Kern ändert ein BGE für alle bis zum Alter x nur eines: Das Einkommen, das Kindern und Jugendlichen zusteht, wird mit einem eigenständigen, unwiderruflichen und unbeschränkten Rechtsanspruch untermauert. Bislang ist es bloß eine krude Mischung aus überbürokratisierten Transferleistungen (Kindergeld, Kinderfreibeträge, Ausbildungsfreibeträge, eventuell eine Neuauflage des Baukindergeldes etc.) und einem Geburtslotto, bei dem ökonomischer und sozialer Status zu nahezu hundert Prozent weitervererbt werden.

Kinderarmut ist gesellschaftlich gesehen die denkbar größte Dummheit, weil sie wirtschaftliche, soziale, kulturelle und intellektuelle Zukunftsressourcen ruiniert. Dagegen ist Altersarmut grober Undank. Und genau deshalb sind Menschen, die nicht mehr aktiv am Erwerbsleben teilnehmen, unser Kandidat Nummer zwei für ein Bedingungsloses Grundeinkommen.

Unsere Leser mögen es uns nachsehen, dass wir an dieser Stelle keinen langfädigen Beitrag zur Rentendebatte beisteuern.

Nur so viel: Schon heute gibt es bekanntlich eine »Grundsicherung« im Alter. In Umfang und Ausgestaltung hat diese freilich mehr von einem Almosen als von einem die Existenz sichernden Einkommen.

Die gesetzliche Rente ist dagegen ein Thema für sich. Der Grundgedanke unseres aus Arbeitseinkommen umlagefinanzierten Systems ist freilich folgender: Renten sollen nicht allein ein humanes Existenz- und Kulturminimum sichern, sondern zu weiten Teilen auch einen im Arbeitsleben erreichten Lebensstandard. Hier mag unsere Position auf den ersten Blick vielleicht etwas hart klingen. Aber wir halten die Sicherung des Ersteren ganz klar für eine gesamtgesellschaftliche Aufgabe. Die Sicherung eines einmal erreichten Lebensstandards dagegen ebenso eindeutig für eine private.

Nein. Sie sollen keine Lebensversicherungen, Fondssparpläne oder ähnlichen Unsinn abschließen. Okay, Sie dürfen in ausgewählte Aktien oder in Sachwerte investieren. Sie können frühzeitig mit dem Häuslebau beginnen. Aber Sie müssen nicht. All das kann oder will auch nicht jeder. Außerdem: Niemand lebt in 30 oder 40 Jahren von Geld, das er heute in Matratzen oder in die Rachen von windigen Anlageberatern stopft.

Die Rentner von morgen werden von den Gütern und Leistungen leben, die die Menschen in der Zukunft erwirtschaften. Um ihren Grundbedarf ebenso wie ihre Wünsche, Träume oder Extravaganzen finanzieren zu können, werden sie aber auch dann noch Geld brauchen. Hierfür – Sicherung des eigenen Lebensstandards – dürfte ein umlagefinanziertes Rentensystem auch in Zukunft sinnvoll sein. Wenn es aber ein Bedingungsloses Grundeinkommen in vernünftiger Höhe gibt, dann ist es kein ketzerischer Gedanke mehr, dass in so einem System Ansprüche nur noch mittels freiwilliger Beiträge in selbst gewählter Höhe erworben werden. Aber das ist hier nicht unser Thema, weshalb wir es bei dieser allgemeinen Anmerkung belassen wollen.

Eine dritte sinnvolle Welle bei der Einführung eines BGE könnte dann unter Umständen Alleinerziehende und Menschen betreffen, die Angehörige pflegen. Auch eine Ermutigung zu einem oder mehreren Freiwilligen Sozialen Jahren per BGE könnte in Erwägung gezogen werden. Oder zu Ehrenämtern in Vollzeit. Allerdings käme man damit getarnten Lohnersatzleistungen gefährlich nahe.

Spätestens mit Welle vier halten wir die Einführung eines BGE für alle für sinnvoll, jedenfalls aus heutiger Sicht. Da wir mit diesem Buch jedoch vor allem zum ersten Schritt Richtung BGE ermutigen wollen, haben wir obigen Absatz absichtlich im Konjunktiv formuliert.

»Noch nie waren so viele so sehr so wenigen ausgeliefert.«
Aldous Huxley

Kohlehandel an die Kette!

Warum unser Geldsystem, die Banken und die
Finanzmärkte streng reguliert werden müssen

Am Ende des vorletzten Kapitels hatten wir festgestellt: Auch »die Reichen« können ihre Einkünfte und ihr Vermögen am Ende nur auf drei Weisen verwenden. Sie können es verschenken. Sie können privat konsumieren. Und sie können ihr Geld investieren. Zeit, über das Zauberwort »investieren« zu sprechen.

Früher war das recht einfach. Investoren waren Leute, die entweder selbst eine Geschäftsidee hatten oder die von einer Geschäftsidee anderer Leute sehr überzeugt waren. In beiden Fällen stellten sie für die Umsetzung dieser Geschäftsidee Geldmittel zur Verfügung – als Kredit, als stille oder offene Beteiligung. Wer ein besonders großes Rad drehen wollte, gründete eine Aktiengesellschaft und bündelte darin die Einlagen weniger, extrem reicher Leute, die keine eigenen Ideen hatten. Erst sehr viel später waren auch Normalverdiener in der Lage, als Kleinaktionäre ein paar Anteilsscheine zu zeichnen.

All solche Investitionen wurden ihrerseits investiert: in Forschung und Entwicklung, in Gebäude, Rohstoffe und Produktionsanlagen, in Löhne und Gehälter von Mitarbeitern, in Vertrieb, Marketing und Werbung. Zündete eine Geschäftsidee, dann hatte sich die Investition rentiert. Erwies sie sich als untauglich, musste man sein Geld abschreiben.

Im Kern ging es stets um das, was wir weiter oben als Kernaufgaben aller wirtschaftlichen Tätigkeit beschrieben haben: um die Bereitstellung von Gütern oder Dienstleistungen für die Gesellschaft einerseits, um die Versorgung von Menschen mit Einkommen andererseits. Wer keine Lust auf längere Sätze hat, kann das Ganze einfach »Realwirtschaft« nennen.

In der rund dreihundertjährigen Geschichte des modernen Industriekapitalismus ging es meistens um die Realwirtschaft. Investieren? Im Einzelfall immer riskant, im Prinzip aber immer gut! Dabei galt allerdings ein ehernes Gesetz: das Gesetz vom untrennbaren Zusammenhang von Risiko und Haftung. Wer sich verspekuliert hatte, der durfte unter keinen Umständen bei Unbeteiligten mit der Spendenbüchse klingeln. Und schon gar nicht beim Finanzminister.

Doch ab und an gab es Phasen, da wurde ein großer bis sehr großer Teil des verfügbaren Geldes nicht mehr in Ideen, Löhne oder Maschinen investiert. Da kauften plötzlich ganz viele nur noch Aktien, um sie möglichst schnell zu einem besseren Kurs weiterzuverkaufen. Zuvor waren das Geschäfte für Spezialisten gewesen, die man Spekulanten nannte. Ihr Treiben hielt man insofern für vertretbar, als sie erstens weitgehend unter sich blieben. Zweitens erwiesen sie sich bisweilen als ein recht brauchbares Frühwarnsystem für sich anbahnende Veränderungen in der Realwirtschaft. Irgendwann nannten sich die Spekulanten dann aber »Investoren« oder »Anleger«. Und behaupteten immer lauter, nicht die Unternehmer und nicht die Märkte für Güter und Dienstleistungen könnten am besten über die Tauglichkeit von Geschäftsideen befinden. Am besten könnten sie das selbst.

Mit Beginn des 20. Jahrhunderts besannen sich die Geldhändler dann auf ihre Ahnen, die Fugger oder Medici: dass man nicht nur Unternehmen, sondern auch Staaten enorm viel Geld leihen konnte – und zwar keineswegs nur im Kriege. Etwas später zeigte sich, dass man auch Normalverdienern Geld aus der Tasche kitzeln konnte, um es irgendwo »anzulegen«. Also mussten die Menschen verstehen lernen, wie Rentenmärkte funktionieren. Und warum sich mit Staatsanleihen (also mit Schulden!) angeblich das Leben und der Lebensabend »versichern« ließen.

Schon im 19. Jahrhundert war einigen Leuten aufgefallen, dass Landwirte sich berechtigterweise gegen die Wechselfälle des Wetters oder der Fleischpreise versichern möchten. Woraufhin Spekulanten Warenterminbörsen gründeten. Ihre Söhne stellten dann fest, dass man sich gegen schlechterdings *alle* künftigen Preisentwicklungen mit Termingeschäften absichern kann. Und ihre Enkel klopften sich schließlich auf die Schenkel, als sie erkannt hatten, dass sich sogar Menschen zu derlei Wetten verleiten ließen, die selbst überhaupt nicht mit Getreide, Schweinehälften, Rohstoffen oder Firmenanteilen handelten.

Ein paar andere findige Köpfe machten sich, vor allem seit Mitte der 1980er-Jahre, einen Spaß daraus, ins Schlingern geratene Unternehmen mit gepumptem Geld aufzukaufen, diese dann zügig zu filetieren und die Steaks – zusammen mit den Kreditlasten – teuer an andere zu verscherbeln. In Amerika nannte man sie *corporate raider* (»Unternehmensräuber«). Hierzulande sprach man später von »Heuschrecken«. Die Zyniker unter ihnen hielten sich an Gordon Gekko *(Wall Street)* und sein Motto »Gier ist gut!« Die Melancholiker fanden ihr Rollenmodell in Edward Lewis *(Pretty Woman)* – und zeigten so gelegentlich, dass in ihrer rauen Schale ein weicher Kern stecke.

In den letzten beiden Jahrzehnten des 20. Jahrhunderts fanden die Leithammel an den Finanzmärkten zudem heraus, dass nicht nur Finanz- und Betriebswirte, sondern auch Mathematiker, Physiker oder Programmierer tolle Ideen haben. Diese »Nerds« interessierten sich zwar keinen feuchten Kehricht mehr für Wirtschaft, machten aber aus verzwickten Algorithmen noch verzwicktere »Finanzprodukte«. Weil sie mehr oder weniger alles aus allem ableiten konnten, nannte man die von ihnen entwickelten Papiere »Derivate«.

Das ist der Punkt, an dem wir uns nach einer Reihe heftiger Finanzkrisen leider immer noch befinden: Realwirtschaft und Finanzwirtschaft haben praktisch kaum noch etwas miteinander zu schaffen. Abgesehen von einer extrem misslichen Tatsache: Die Jungs und Mädels in Banken, Börsen und anderen Bürotürmen halten so viel virtuellen Zaster in der Hand, dass sie damit die arme kleine Realwirtschaft, die ja nach wie vor Geld zum Investieren benötigt, binnen Sekunden in Angst und Schrecken versetzen können.

Im Jahr 1990 belief sich das Volumen der globalen Finanztransaktionen noch auf das 16-fache der weltweiten Wirtschaftsleistung. Heute werden für jeden Euro, Dollar oder Yen, mit dem reale Waren oder Dienstleistungen produziert und gehandelt werden, 67 Euro, Dollar oder Yen in Form von Finanzprodukten aller Art gehandelt. Keine Frage: Eine hochgradig arbeitsteilige und globalisierte Wirtschaft kann nicht ohne Kredite funktionieren. Es ist auch völlig in Ordnung, wenn Menschen nicht gleich Firmen gründen, sondern sich an vorhandenen Unternehmen beteiligen, indem sie etwa Aktien kaufen. Aber: 1994 wurden Wertpapiere im Schnitt noch vier Jahre gehalten. Gegenwärtig sind es 22 Sekunden.

Und dabei ist der – längst überwiegend spekulative – Handel mit Aktien heute nur ein Randphänomen. Zwar hat der Wert aller weltweit gehandelten Aktien mit 73,3 Billionen Dollar im Jahr 2015 einen historischen Rekordwert erreicht, doch allein der *börsennotierte* Handel mit Derivaten übersteigt den mit Aktien um den Faktor drei. Der außerbörsliche, das heißt: vollkommen unregulierte Handel mit Derivaten übersteigt den Aktienhandel um den Faktor 30. Und über 90 Prozent des Geldes auf der Welt kursiert heute ausschließlich innerhalb des Finanzsektors.

Kurz: Die meisten sogenannten »Investoren« investieren schon lange nicht mehr in realwirtschaftliche Tätigkeiten. Seit rund 25 Jahren sind die Zocker praktisch unter sich. Sie bevölkern einen der 67 Finanzmonde, die unseren realen Weltwirtschaftsglobus umkreisen. Leider ist jeder einzelne dieser Trabanten groß genug, um einen ökonomischen *Deep Impact* zu verursachen. Sie erinnern sich an diesen Katastrophenfilm, der Ende der 1990er die Kinos füllte?

Schlechter Kapitalismus

Laut *Forbes* gibt es derzeit 1826 Milliardäre weltweit. Im Januar 2017 kombinierte die Entwicklungshilfeorganisation Oxfam die *Forbes*-Liste mit einer aktuellen Studie der Schweizer Großbank Credit Suisse, der zufolge die unteren 50 Prozent der Weltbevölkerung über gerade einmal 0,2 Prozent des globalen Vermögens verfügen, sodass sich umgekehrt laut Oxfarm ergibt: Die acht reichsten Männer der Welt besitzen zusammen 426 Milliarden US-Dollar und damit mehr als die ärmere Hälfte der Weltbevölkerung, das heißt: als 3,6 Milliarden Menschen, die zusammen auf 409 Milliarden US-Dollar kommen. Auch wenn der Studie einige kleinere methodische Macken nachgesagt werden: Die soziale Ungleichheit in der Welt ist groß. In Deutschland müssten immerhin 36 Milliardäre insgesamt 297 Milliarden Dollar zusammenlegen, um so viel wie die ärmere Hälfte der hiesigen Bevölkerung zu haben.

Selbst wenn solche Zahlenspiele letztlich rein symbolisch sind, illustrieren sie doch gut, dass mit der Vermögensverteilung auf der

Welt unter Umständen etwas nicht stimmt. Das Dumme an ihnen ist nur, dass sie leider auch eine kindische Vorstellung von Reichtum befördern. Wir nennen das die »Dagobert-Duck-Illusion«. Ihr zufolge sind Milliardäre Leute, die sich irgendwo einen riesengroßen Geldspeicher gebaut haben, wo sie täglich ein Bad in ihrem Gold nehmen.

Wer keine Comics liest: So gut wie nie sieht man Dagobert unternehmerische Entscheidungen treffen. Dass er außer barer Münze überhaupt etwas besitzt, können die Leser der *Lustigen Taschenbücher* allenfalls daran erkennen, dass gelegentlich bei ihm Buchhalter vorsprechen. Sehr viel Zeit verbringt er hingegen damit, seinem Neffen Donald, der unentwegt blank ist, beizubringen, was für ein fauler, unfähiger Tölpel er sei. Oder er erteilt ihm sinnfreie Aufträge wie den, frisch eingetroffene Münzen zu polieren. Versteht sich, dass alle Donald Ducks dieser Erde den superreichen, entsetzlich geizigen Erpel hassen.

Nicht ganz so unterhaltsam wie Walt Disney porträtierte im November 2016 der ehemalige Chefredakteur des *Handelsblatts*, Hans-Jürgen Jakobs, die Elite des globalen Entenhausens. Sprich: die 200 mächtigsten Akteure des Weltfinanzwesens, die Chefs und Manager von billionenschweren Fonds wie Black Rock, Blackstone oder Qatar Investment. Sie herrschen über Anlagekapital in Höhe von mehr als 40 Billionen Dollar – das ist das Dreifache der Wirtschaftsleistung der gesamten EU und mehr als die Hälfte der weltweiten Wirtschaftsleistung. Hans-Jürgen Jakobs zeichnet ein realistisches Bild. Hier badet niemand lustvoll in Gold. Ebenso wenig bezeichnet er es als Problem, dass viele Investment-Ducks auch privat die Puppen tanzen lassen. Das Problem ist schlicht, dass hier sehr wenige Menschen – natürlich nicht allein, aber doch federführend – über die wirtschaftliche Verwendung von gigantischen Geldbeträgen entscheiden. Was die Fehleranfälligkeit des Systems immens erhöht.

Noch mehr Mühe haben sich Forscher am Institut für Systemgestaltung der ETH Zürich im Jahr 2007 gemacht. Sie haben die Finanzdaten von insgesamt 37 Millionen Firmen, Banken, Investmentfonds und Stiftungen weltweit durchforstet. 43 060 von ihnen waren in mindestens zwei Ländern der Erde aktiv. Den Kern eines globalen Netzwerkes von Beteiligungen bilden 1318 Firmen, die an mindestens 20 anderen Firmen beteiligt sind. Und eine »Superzelle« von gerade einmal 147 Unternehmen kontrolliert über Beteiligungen und Überkreuzbeteiligungen fast 40 Prozent der Vermögen aller transnationalen Firmen. Überraschung: 133 dieser 147 Mitglieder des globalen Business-Zentralkomitees sind Finanzfirmen.

Natürlich mischt sich nicht jede Bank oder jeder Fond ins Tagesgeschäft seiner Beteiligungen ein. Aber die Grundlinien der Unternehmenspolitik bestimmen sie spätestens dann, wenn ihre Investments »underperformen«. Und da rechnen Barclays, Goldman Sachs & Co. immerhin in Quartalen, manche Hedgefond-Manager aber gar nur in Tagen oder Wochen. Fast schon eine Faustregel: Je mehr Geld die Finanzakrobaten in die Hand nehmen, desto kurzfristiger ihre Ziele, desto spekulativer ihr Kalkül.

Das unterscheidet sie von vernünftig geführten Unternehmen, die sich auf die langfristigen Interessen der Firma, ihrer Eigner, ihrer Kunden und ihrer Mitarbeiter fokussieren.

Wie gerecht es ist, dass reiche Menschen über mehr Geld verfügen, sich damit ein »besseres« Leben machen können – Personal beschäftigen, die Kinder auf exklusive Bildungsanstalten schicken, glamouröse Feste feiern oder einen Fuhrpark an Luxuskarossen haben –, darüber lässt sich endlos streiten. Beim Blick auf die Kapriolen, die sich einige der »Schönen und Reichen« erlauben, ist so manches sicherlich schlicht Geschmackssache. Ebenso lange disputieren kann man über die Frage, ob jemand bereits mit einer Million auf dem Konto oder erst ab einer Million aufwärts in der jährlichen Einkommenssteuererklärung wirklich reich ist.

Das Kernproblem ist ein völlig anderes. Viel Geld in den Händen sehr weniger sorgt früher oder später doch nur dafür: für eine außerordentlich ineffiziente Verteilung von Kapital. Wenn weltweit ein paar Millionen Menschen (plus ihren Ratgebern und Handlangern) entscheiden, wofür das global verfügbare Kapital investiert wird und wofür nicht, dann hat das rein gar nichts mehr mit freien Märkten und mit fairem Wettbewerb zu tun. Im Gegenteil. So wird dafür Sorge getragen, dass Märkte oder Teilmärkte sich zunehmend abschotten. Dass wirtschaftliche Entscheidungen, die gravierende Folgen für Millionen von Menschen, ja für ganze Landstriche und Staaten haben können, immer intransparenter werden. Dass das Risiko von Fehlentscheidungen steigt.

Und dass in der Spekulationssphäre regelmäßig Klumpenrisiken und Kreditblasen gigantischen Ausmaßes entstehen.

Die Risikostreuung, die Ihnen Ihre Bank selbst fürs 5000-Euro-Depot empfiehlt (um ihnen dann ein hauseigenes Produkt aufzuschwatzen), findet auf den globalen Finanzmärkten praktisch nicht mehr statt. Hier sind das globale Investitionskapital, die Mittel zur Finanzierung aller öffentlichen Güter sowie die verfügbaren Einkommen auf denkbar schlechteste Weise verteilt. Um Klartext zu reden: Finanzkapitalismus ist schlicht und einfach ganz schlechter Kapitalismus!

Schulden als Erpressungspotenzial

Aus diesem Blickwinkel heraus stellt sich das Problem der Verschuldung völlig anders dar, als es gemeinhin betrachtet wird. Jeder kennt die Redensart, Schulden würden die Ausgaben von heute unseren Kindern und Enkeln aufbürden. Diese Aussage ist bestenfalls halbrichtig. Sie gilt nämlich nur so lange, wie auch Menschen zukünftig bereit sind und in der Lage sein werden, Kredite zu tilgen und Zinsen zu bezahlen.

In Wirklichkeit aber werden Tag für Tag nicht nur neue Schulden gemacht, sondern vorhandene auch abgeschrieben – weil der Gläubiger sich bewusst ist, dass der Schuldner sie sowieso nie wird zurückzahlen können. Was wir derzeit erleben – besser gesagt: was wir derzeit lieber ignorieren – ist, dass viele der richtig fetten

Posten noch nicht endgültig zur Abschreibung freigegeben worden sind.

Denn machen wir uns nichts vor: Staaten haben ihre Schulden niemals getilgt. Sie tilgen auch bei »schwarzen Nullen« keine Schulden, sondern machen nur kurze Zeit keine neuen. Und sie werden auch in Zukunft niemals ihre Schulden zurückzahlen. Staaten machen neue Schulden, um alte Schulden zu bezahlen. Langfristig kann das nur schiefgehen. Wenn Exportweltmeister Deutschland selbst in Jahren mit Rekordbeschäftigung und Rekordsteuereinnahmen keinen Cent an Schulden zurückbezahlt, wie lächerlich ist es dann, von Ländern wie Griechenland, Italien, Spanien oder Frankreich zu erwarten, dass sie ihre Schulden abtragen.

Seit der Jahrtausendwende allein hat sich die weltweite Verschuldung fast verdreieinhalbfacht. Mittlerweile beläuft sich die globale Kreditlast auf über 300 Billionen Dollar. Im Jahr 2000 waren es noch 87 Billionen Dollar. Nun ist es eine Binsenweisheit, dass die Schulden der einen die Guthaben der anderen sind. Was das – vor allem für die weltweit galoppierende Staatsverschuldung – bedeutet, liegt auf der Hand. Wenn staatliche Gemeinwesen die von ihnen selbst definierten Gemeinschaftsaufgaben *öffentlich* finanzieren, dann tun sie das mit Steuergeldern. Simpel gesagt: Wer die Musik bestellt, der bezahlt sie aus eigener Kasse. Wer hingegen zur Finanzierung von Gemeinschaftsaufgaben Schulden macht, der lässt sich immer stärker von *privaten* Gläubigern in den finanziellen Schwitzkasten nehmen.

Warum, glauben Sie, stehen Bankenlobbyisten in allen Großstädten weltweit sämtliche Türen rund um die Uhr offen? Wegen der beeindruckenden Bilanzsummen ihrer Auftraggeber? Oder weil sie 500-Euro-Füller als Gastgeschenke verteilen? Nein. Weil die Banken dieser Welt die Finanzminister dieser Welt in ihrer Hand haben. Das gilt übrigens auch für die vielen Lebensversicherer oder Pensionsfonds, die eben nicht das Geld der Reichen und Superreichen verwalten, sondern die *Ihr* Geld über Jahrzehnte zu irrwitzigen Klumpenrisiken verrührt haben. Weil »Rentenpapiere« ja so sicher sind – so sicher wie die Rente selbst.

Die verhängnisvollsten Klumpenrisiken der Weltwirtschaft finden sich derzeit hier: bei der Staatsverschuldung, bei der reinen, an der Realwirtschaft (noch) vorbeilaufenden Finanzspekulation und bei der Immobilienspekulation. Viel war (und ist zurzeit noch) von Deflationsgefahren die Rede, der Gefahr dauerhaft und flächendeckend fallender Preise. Die ist deshalb von Übel, weil gegen sie sämtliche traditionellen geldpolitischen Waffen stumpf bleiben müssen. Und weil die derzeitigen Spielereien mit Minuszinsen auch nicht abhelfen. Ganz abgesehen davon, dass die Zinspolitik die Menschen spätestens dann auf die Barrikaden treiben wird, wenn auch auf deren Sparbücher Gebühren statt Zinsen fällig werden.

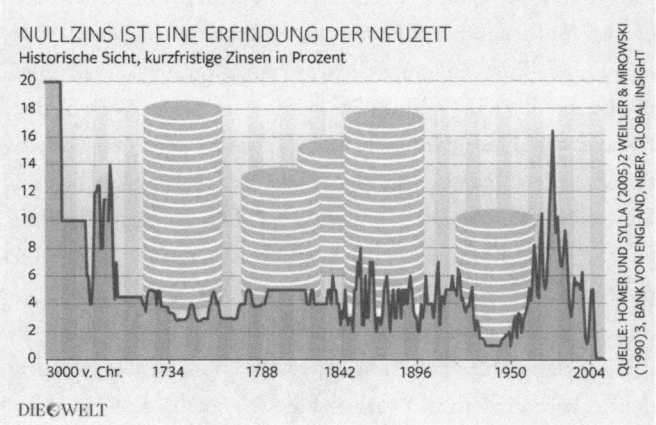

QUELLE: HOMER UND SYLLA (2005)2 WEILLER & MIROWSKI (1990)3, BANK VON ENGLAND, NBER, GLOBAL INSIGHT

NULLZINS IST EINE ERFINDUNG DER NEUZEIT
Historische Sicht, kurzfristige Zinsen in Prozent

DIE❂WELT

Abb. 1: Kurzfristige Zinssätze (in Prozent) im Verlauf der Geschichte. Es ist leicht zu erkennen, dass Niedrigzinsen eine Erfindung der Neuzeit, Nullzinsen eine Erfindung der unmittelbaren Gegenwart sind. Allerdings hatten wir in den 1970er-Jahren auch die extremste Hochzinsphase aller Zeiten. Quelle Grafik: © Die Welt

Gegenwärtig haben wir die niedrigsten Zinsen der Geschichte. Um Staaten aus dem Würgegriff ihrer explodierenden Zinslasten zu befreien, um Unternehmen zu neuen Investitionen zu animieren und um wenigstens wieder eine gesunde Inflation von rund zwei Prozent in der Eurozone zu erreichen, verschenken die Zentralbanken seit Jahren Geld für lau und nehmen Berge von Staatsanleihen – auch von faktisch bereits bankrotten Ländern wie Griechenland – per Handschlag in ihre Bücher. Womit sie die

Funktionsweise der Marktwirtschaft aushebeln. Trotzdem bleiben die meisten Krisenstaaten überschuldet; trotzdem investieren Unternehmen kaum. Trotzdem geht es in Ländern wie Griechenland wirtschaftlich nicht aufwärts. Und trotzdem bleiben die Preise größtenteils stabil.

Inflation in Lauerstellung

Irrtum! Die Inflation galoppiert seit Jahren. Nicht bei den Verbraucherpreisen. Aber bei den Vermögenspreisen! Was wir derzeit erleben, sind vor allem Preisblasen an den Aktienmärkten und an den Immobilienmärkten. Staaten, Lebensversicherungen und Pensionsfonds, also jene Aktivisten, die die Steuergelder und Spargroschen der Normalverdiener bündeln, spielen dabei so gut wie nicht mit. So gesehen können wir jenen, die für eine Enteignung der Reichen plädieren, schlicht raten, in Ruhe abzuwarten. Wenn diese Blasen platzen, träfe es nämlich überwiegend genau diese.

Wenn nicht am Ende doch alles mit allem zusammenhinge. Bei Immobilien reden wir ja nicht ausschließlich von Luxusappartements in angesagten Metropolen. Oder von »attraktiven Gewerbeflächen in Toplage«, mit denen Immobilienfonds so gerne werben. Wir sprechen eben auch von »normalen« Eigentumswohnungen und Einfamilienhäusern, die beim Platzen solcher Blasen ebenfalls an Wert verlieren. Es trifft dann alle und jeden; egal, ob man bei der Spekulationsorgie mitgemacht hat oder nicht.

Wie uns die Finanzkrise 2008 gelehrt hat, kann man mit hoch-spekulativen Wettpapieren auf Immobilien sogar Menschen ruinieren, die im Grunde genommen keinen Cent in der Tasche übrig haben. Denen man Kredite für den Kauf von Bruchbuden aufgedrängt hat, weil man sich bewusst gewesen ist, dass ihnen das Wasser alsbald bis zum Hals stehen würde. Und zudem auch genau gewusst hat, dass eine Spekulation auf eine solche Pleitewelle noch lukrativer sein würde.

Nicht viel anders verhält es sich, wenn Blasen bei Aktien, Staatsschulden oder anderen Krediten platzen. Ihre Volumina sind gegenwärtig einfach zu hoch, die Verflechtungen zwischen all diesen Risiken zu komplex. Sodass selbst Bläschen, die isoliert an sich kein Problem wären, sofort Kettenreaktionen auslösen können. Diese wiederum könnten das gesamte System zum Platzen bringen – und damit die Realwirtschaft in den Abgrund reißen.

Notwendige und schädliche Geldvermehrung

Im Grunde genommen hat Geld eine ganz einfache Funktion: Es hält die Produktion und die Verteilung von Gütern am Laufen, ebenso die Bereitstellung und die Inanspruchnahme von Dienstleistungen. Weil es in einer hochgradig arbeitsteiligen Weltwirtschaft schlichtweg unmöglich ist, jede realwirtschaftliche Transaktion zeitnah eins zu eins in bar abzurechnen, gibt es Vor- und Zwischenfinanzierungen. Ergo: Kredite.

Um die Kreditversorgung der Wirtschaft am Laufen zu halten, braucht es wiederum Banken. Und weil freier Handel mit Unternehmensanteilen vernünftig ist, sind Börsen ebenfalls vernünftig. Selbst die heute übel beleumundeten Optionsscheine hatten einst einen Sinn: als Versicherungen gegen Preis- und Währungsschwankungen. Kurzum: Dass es Finanzmärkte gibt, ist nicht das Problem.

Sehr vereinfacht ausgedrückt: Auf Märkten ohne Finanzmarkt wären Wirtschaftsleistung und Geldmenge quasi identisch. Für jeden Handel, jedes Geschäft über 100 Euro, gäbe es 100 Euro. Allerdings würde eine solche Wirtschaft in fünf Sekunden zusammenbrechen. Damit Handel und Wandel funktionieren, muss schlicht und einfach mehr Geld als Ware zirkulieren. Zum Problem werden die Finanzmärkte allerdings immer dann, wenn dieses Verhältnis völlig aus den Fugen geraten ist. Wenn nur noch mit einem, zwei oder drei Euros echte Geschäfte gemacht werden. Und wenn sich die übrigen 99, 98 oder 97 Euro nicht auf 80 oder 90 Hände verteilen. Dann hätten wir nämlich Inflation, und das Missverhältnis würde unter Schmerzen, aber rasch bereinigt.

Kritisch wird es, wenn diese 99, 98 oder 97 Euro von drei oder vier Leuten kontrolliert werden. Anders als 97 Normalverdiener oder Kleinsparer können diese drei oder vier, so die Blase platzt, einfach mit der Forderung daherkommen: »Hey, wir haben ein Problem! Und wenn Ihr – ja, Ihr alle! – das nicht für uns löst, dann verbrennen Eure drei Euros mit.«

Strenges Regelwerk für die Finanzmärkte

Über drei Dekaden haben sich die Finanzmärkte von Dienstleistern zu tyrannischen Herrschern über Mensch und Wirtschaft aufgeschwungen. Man muss sie folglich endlich wieder dazu zwingen, nach den Regeln der Realwirtschaft zu spielen. Und wie alle guten Regeln müssen diese für einen Jeden nachvollziehbar sein.

Grundregel Nummer eins: Die Geldmenge muss in einem vernünftigen Verhältnis zum Umfang des Güterverkehrs und echter Dienstleistungen stehen. Im Einzelfall entscheiden darüber demokratisch legitimierte Experten.

Grundregel Nummer zwei: Wer Risiken eingeht, muss im Schadensfall ausnahmslos selbst dafür haften.

Grundregel Nummer drei: Es gibt keine »systemrelevanten« Unternehmen. Jeder kann pleitegehen. Und wer so groß ist, dass seine Pleite das ganze System bedroht, der ist eben zu groß – und muss verkleinert werden.

Grundregel Nummer vier: Alle übrigen Spielregeln müssen so verständlich sein, dass die Öffentlichkeit jederzeit erkennen kann, ob nach den Regeln gespielt wird oder nicht. Und die »Abseitsregeln« des Finanzmarkts sollten zumindest von fortgeschrittenen Fans des Spiels durchschaut werden können.

Macht und Ohnmacht der »Zentralbanken«

Als es noch weitgehend voneinander abgeschottete nationale Währungsräume gab, hatte das »Zentral« in Zentralbank einen klaren Sinn: Eine einzige Bank bestimmte knallhart, zu welchen Konditionen sich alle Geschäftsbanken in dem betreffenden Währungsraum bei der Zentralbank Geld leihen können. Und zu welchen Konditionen sie Geld bei der Zentralbank parken können. Im Einzelnen hatte (und hat) jede Zentralbank hier andere Regelungen. Im Grundsatz aber geben die berühmt-berüchtigten »Leitzinsen« an, wie viel sich Banken für die Bereitstellung flüssigen Geldes (»Liquidität«) gegenseitig abknöpfen dürfen. Dieses Zinsniveau sollte sich, so die Grundidee, anschließend in der gesamten Wirtschaft – vom Geschäfts- und Konsumkredit bis hin zur allgemeinen Preisentwicklung – durchsetzen.

Leider klappt das immer weniger. Schon auf die kurzfristige Entwicklung der Zinsen am Geldmarkt schlagen die Leitzinsen nicht mehr so direkt durch, wie in der Theorie einstmals dargestellt. So haben die Geschäftsbanken die Guthabenzinsen, die immer mehr Richtung null tendierten, in den letzten Jahren zumeist prompt an ihre Kunden durchgereicht. Bei den Sollzinsen für die eigenen Forderungen hingegen legten sie bestenfalls Schneckentempo vor. Ergebnis: Fürs Sparen bekommen Sie praktisch nix mehr. Dafür sind für Ihren Dispo im Schnitt weiterhin satte 10 Prozent fällig. Und das, obwohl sich Ihre Bank das Geld, das sie Ihnen leiht, für derzeit 0,00 Prozent bei der EZB leiht.

Auf die Entwicklung der langfristigen Kapitalmarktzinsen wirken sich die Leitzinsen allein schon in der reinen Lehre lediglich mittels komplexer »Transmissionsmechanismen« aus. Angesichts der zahllosen Wechselwirkungen auf den globalen Kredit- und Finanzmärkten von heute verpuffen sie fast vollständig. Bildlich gesprochen: Eine Leitzinsentscheidung der EZB oder der amerikanischen Fed hat für den Kapitalmarkt (nicht: den Geldmarkt) ungefähr die gleiche Wirkung, als wenn in Peking tausend Säcke Reis umfallen würden.

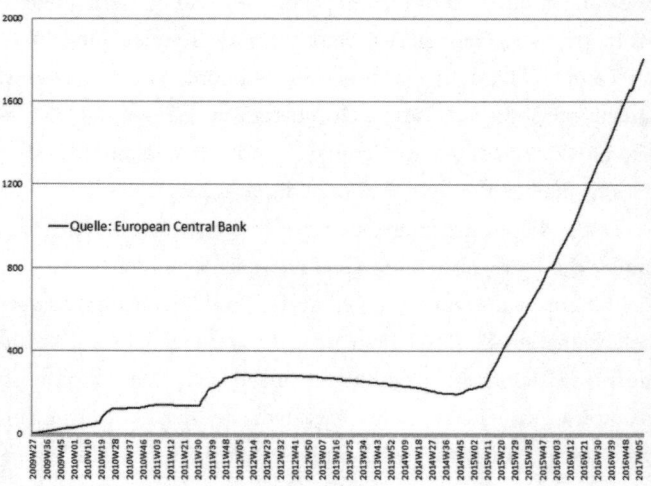

Abb. 4: Volumen der von EZB und nationalen Notenbanken des Euroraums aufgekauften Papiere in Mrd. Euro (gedeckte Schuldverschreibungen, Wertpapiere aus dem »Asset-Backed Securities Program«, Unternehmensanleihen und Staatsanleihen)

Über 1500 Milliarden Euro haben die Notenbanken des Euroraums in den letzten Jahren ins Finanzsystem gepumpt. Mit der Auswirkung, dass Gläubiger in der Bundesrepublik deshalb zurzeit sogar ein bisschen etwas drauflegen, wenn sie Geld verleihen. Italiens Pleitebanken hingegen bekommen nach wie vor zu moderaten Zinsen Kredit. Und wo Pleitestaaten wie Griechenland vom freien Kapitalverkehr de facto abgeschnitten sind, kauft die EZB ihnen Staatspapiere mit wundersamen Rabatten ab. Das hat mit Kapitalismus – der Markt bereinigt alles – nichts mehr zu tun. Das ist Notenbank-Planwirtschaft. Und dass Planwirtschaft nicht funktioniert, ist hinlänglich bekannt.

Gefühlt bankrott, wird die Welt mit Geld überschwemmt. Doch statt es an Kunden zu verleihen, parken die Geschäftsbanken ihr Geld lieber zu Minuszinsen bei der Zentralbank. Oder sie leihen es sich untereinander – und zwar nach wie vor für Finanz-Zockereien aller Art. In der Realwirtschaft kommt fast nichts davon an. Leider muss man sagen: zum Glück!

Denn würde die Geldschwemme eines Tages die Unternehmen und die Verbraucher erreichen, dann wäre die Hyperinflation tatsächlich programmiert. Bliebe das viele Geld aber im Orbit des Finanzmarktes, wäre das freilich wenig besser. In gewohnter Manier würde es dort weiterhin kräftig Blasen werfen. Wir stecken im Schlamassel. Das Ende dieses historischen Geldexperiments wird bitter. Und vor allem sehr, sehr teuer – egal wie es ausgeht.

De facto haben die Notenbanken nur noch begrenzte Möglichkeiten, die Geldmenge zu steuern. Vor allem mit dem »Einsammeln« der zu Nullzinsen produzierten Ströme von Dollars, Euros, Yen und Pfund Sterling dürfte es im Ernstfall schwierig werden. Schon allein deshalb, weil nicht ersichtlich ist, wer all die Staatspapiere in Bestände übernehmen, geschweige denn tilgen soll. Und wenn die Fed, die EZB oder die Zentralbanken Japans und Chinas den Geldhahn zudrehen sollten – wären sie selbst die Ersten, die auf dem Trocknen säßen. Eine »Rettung« durch die Steuerzahler wäre bei ihnen faktisch unmöglich.

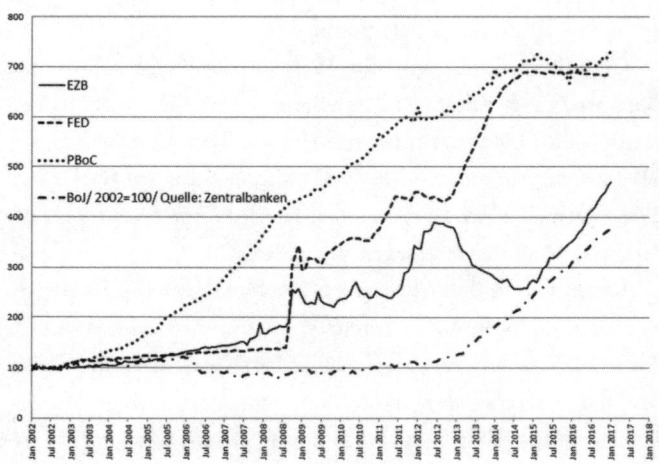

Abb. 5: Entwicklung der Bilanzsummen der Notenbanken Fed (USA), EZB (Eurozone), Bank of Japan (BOJ) und Peoples Bank of China (PBoC); Berechnungsgrundlage: Landeswährungen; Index 2002 = 100

Dass unsere »Währungshüter« ins Geschäft mit Staatsschulden eingestiegen sind, war eine politische Entscheidung, keine geldpolitische. Ohne diesen Schritt wäre der Euro – und mit ihm die meisten Volkswirtschaften Europas – schon vor Jahren implodiert. Derzeit betreiben wir Insolvenzverschleppung, womit die Implosion lediglich in die Zukunft verschoben wird. Fakt ist: Noch nie wurde eine Krise durch Gelddrucken nachhaltig gelöst.

Wir brauchen eine »Monetative«

Der entscheidende Punkt dabei ist: Gegen die Tragweite dieser politischen Entscheidung muss etwa die Verabschiedung des Bundeshaushalts wie ein Kinderspiel erscheinen. Während dieser von einem gewählten Parlament beschlossen wird und das Budgetrecht das Königsrecht aller Parlamente ist, wurde die Entscheidung, mit Staatsschulden zu operieren, in Hinterzimmern getroffen. Und zwar von Menschen, die allenfalls indirekt gewählt werden: von Finanzministern und Zentralbankräten.

Wir sind überzeugte Verfechter unabhängiger Zentralbanken. *Wirklich* unabhängiger Zentralbanken. Darum glauben wir, dass demokratische Gemeinwesen – neben den drei klassischen Gewalten Legislative, Exekutive und Judikative – heute eine *echte* vierte Gewalt brauchen; keine sprichwörtlich vierte Gewalt wie die Medien. Geldpolitik ist – zumal in der globalen und digitalen Welt des 21. Jahrhunderts – eines der zentralen Felder der Politik.

Darum sagen wir: Wirtschaft und Gesellschaft brauchen eine öffentlich-rechtliche, strikt unabhängige (das heißt: in ihren Entscheidungen komplett autonome) *Monetative*.

Diese »Geldregierung« sollte idealerweise für einen annehmbaren Zeitraum von allen Bürgern direkt gewählt werden. Also nicht von Regierungen vorgeschlagen und dann (wie im Falle der Bundesbank) vom Bundespräsidenten ernannt werden. Alternativ sollte sie zumindest von gewählten Abgeordneten gewählt werden. Ihre Geldpolitik bestimmt die Monetative für die Dauer ihrer Wahlperiode ohne weiteren Einfluss seitens der Politik. Ihre Arbeit und ihre Beschlüsse müssen öffentlich gemacht werden und transparent sein.

Keine Frage, Geldpolitik ist ein schwieriges, hochkomplexes und für Laien im Einzelnen kaum zu durchschauendes Feld. Eines, das ohne den Rat und die Detailarbeit von Experten schlechterdings nicht zu beackern ist. Aber das ist kein Einwand gegen ihre demokratische Kontrolle. Sondern eine Herausforderung für die Gesellschaft.

Erfolgreiche Unternehmen wachsen. Aber keineswegs nur im Hinblick auf ihre Größe, d. h. ihre betriebswirtschaftlichen Kennziffern. Sie wachsen vor allem hinsichtlich der Komplexität ihrer Aufgaben und Abläufe. Und sie können nur erfolgreich bleiben, wenn sie diesen Zuwachs an Komplexität richtig verarbeiten. Was wiederum heißt: Sie müssen ständig neue Ideen und Gestaltungskräfte entwickeln. Und sie müssen den richtigen Rhythmus finden zwischen der Regeneration des Bewährten und der Erneuerung all dessen, was plötzlich nicht mehr funktioniert.

Nicht anders ist das bei Gesellschaften. Die Soziale Marktwirtschaft war viele Jahrzehnte sehr erfolgreich. Aber nun muss die Gesellschaft eben lernen, dass Geld nicht mehr »gedruckt« wird; dass stabile Preise, Wachstum, Beschäftigung und ausgeglichene Handelsbilanzen (das »magische Viereck«) nicht mehr allein von klugen Wirtschaftsministern und Zentralbankern garantiert werden können.

Die Finanzwirtschaft hat eine von den Vordenkern der Sozialen Marktwirtschaft nicht vorhergesehene Komplexität und Eigendynamik entwickelt. Wir mussten bitter lernen, dass diese Dynamik des Finanzsektors ganze Gesellschaften in Geiselhaft zu nehmen vermag. Das können nur Bürger verhindern, die die zentralen Stellschrauben der Geldpolitik gedanklich durchdrungen haben. Dann werden sie auch in der Lage sein, sie in geeigneten Verfahren gesellschaftlich zu kontrollieren. Das Ziel ist das Gleiche wie bei aller demokratischen Kontrolle: Es gilt, die Betroffenen – in diesem Fall uns alle – zu Beteiligten zu machen.

Kurz: Die Gesellschaft des 21. Jahrhunderts muss Geldpolitik lernen. So wie Mitarbeiter, die noch vor zwanzig Jahren den Warenbestand mit Papier, Bleistift und Telefon verwalteten, heute mit Warenwirtschaftssystemen arbeiten, die man damals für Ausgeburten der Hölle gehalten hätte.

Im Übrigen funktioniert so jedes Ministerium: Um die Details kümmern sich Heerscharen von Fachleuten. Über politische Richtlinienkompetenz jedoch – und damit haben wir anders als viele andere kein Problem – können Physikerinnen, Juristen, Grundschullehrer, Buchhändler und ja, sogar Lyriker verfügen. In einer Monetative gerne auch Volkswirte.

Wir räumen ein: Wir beschreiben hier eine langfristige Perspektive, deren Debatte noch in den Kinderschuhen steckt. Das derzeitige Grundübel unseres Finanzsystems – die nahezu unkontrollierte Geldschöpfung der Notenbanken, aber vor allem seitens der Geschäftsbanken aus dem Nichts – ließe sich mit einer Monetative allerdings weit schneller und einfacher abstellen.

Unkontrollierte Geldschöpfung verhindern

Worum geht es hier? Sehr vereinfacht gesagt um Folgendes: Obwohl die Redensart nicht totzukriegen ist, »druckt« ja weder eine Zentralbank noch irgendeine Geschäftsbank Geld. Nichts gegen gedrucktes Bargeld, im Gegenteil. Aber dessen Existenz zu schätzen und zu verteidigen ist das eine. Einzuräumen, dass es gesamtwirtschaftlich keine wirklich große Bedeutung mehr hat, das andere.

Zwar zahlen die Verbraucher in Deutschland nach wie vor am liebsten bar. Knapp 80 Prozent aller Einkäufe an der Ladenkasse werden hierzulande mit Scheinen und Münzen beglichen. Wertmäßig wird immerhin noch gut die Hälfte bar bezahlt – Lebensmittel oder Friseur in bar, Wintermantel und Hotelrechnung lieber mit Karte.

Im gesamten sogenannten »Geldumlauf zu Zahlungszwecken« kommen auf einen Euro Bargeld fünf Euro Buchgeld (»Giralgeld«). 1,1 Billionen Euro kursieren in der Währungsunion in Form von Banknoten. Gerade einmal 26,9 Milliarden in Form von Münzen. Die gesamte Geldmenge im Euroraum (die »Geldmenge M3«) aber lag Ende 2016 bei 11,4 Billionen Euro. Heißt: Nur noch jeder zehnte Euro ist einer, den Sie anfassen können. Alle anderen »stehen in den Büchern«. Und das heißt seit Langem: sie sind nichts als Nullen und Einsen in gigantischen Datenbanken.

Erfunden (und damals wirklich noch mit Feder und Tinte in Bücher eingetragen) haben das Giralgeld Italiens Banker der Renaissance. »Giro« bedeutet im Italienischen »Kreis« oder »Umlauf«. Das Wort haben sie sich übrigens bei den alten Griechen geborgt: »gyros« = »rund«.

Die meisten denken immer noch, dieses Geld komme daher, weil es irgendjemand den Banken in die Hand gedrückt hat. Dass irgendwer beim Institut seines Vertrauens Scheine und Münzen abgegeben habe. So wie einstmals Kinder gemeinsam mit Bankbeamten ihr Sparschwein geschlachtet haben. Dass Ihr Arbeitgeber Ihnen ein Gehalt überweist. Oder dass sich Geschäftsbanken ihr Buchgeld wenigstens bei der Zentralbank leihen. Alles weit gefehlt. Das meiste Giralgeld machen die Geschäftsbanken einfach selbst.

Zum Beispiel gewährt Ihnen Ihre Bank einen Kredit in Höhe von 10 000 Euro, um ein Auto zu erwerben. Für Ihre Bank stellt dies kein Problem dar, denn zur Gewährung eines Kredits in

Höhe von 10 000 Euro benötigt sie lediglich 100 Euro nicht benötigtes Guthaben auf ihrem Zentralbankkonto bei der EZB. Ihre Bank schreibt also eine Zahl, in diesem Fall 10 000 Euro, auf ein Konto. Und damit ist das, was für Sie Geld ist, in die Welt gekommen. Bing!

Weil das so schnell und problemlos geht, machen Banken das pausenlos. Allerdings dauert es vergleichsweise lange, bis Sie und andere Nutznießer die Schulden wieder beglichen haben. Obendrein kassiert die Bank während der gesamten Laufzeit auch noch Zinsen für das Geld aus dem Nichts. Und so wächst und wächst die Geldmenge, ohne dass irgendwer bei Bundesbank oder EZB auch nur Piep gesagt hätte. Sicher, wenn alles gut läuft, dann tilgen Sie Ihren Kredit, woraufhin die Nullen und Einsen aus der Datenbank wieder verschwinden.

Das wirklich Tolle an der ganzen Sache ist für die Bank aber das: Während Sie die Bank mit Ihren Zinsen reicher machen, muss die Bank fast nichts dafür tun, um das Risiko abzusichern. Denn ganz ehrlich: Es ist ein ziemliches Risiko, Ihnen zehn Riesen zu pumpen, derweil monatlich bei Ihnen nur zwei Riesen reinkommen. Von denen das meiste sofort wieder weg ist. Miete und so. Tatsächlich muss die Bank ihre Forderung an Sie bei der EZB kaum absichern. Aus einem Euro Mindestreserve bei der EZB darf sie bis zu 100 Euro verzinste Kredite machen. Da – und nicht bei Herrn Draghi – entspringt die wahre Geldflut.

Und deshalb ist es absolut vordringlich, dass die Giralgeldschöpfung durch private Banken zumindest stark beschränkt wird.

Technisch wäre das äußerst simpel. Die Mindestreservesätze der EZB müssen sofort drastisch erhöht werden. Allerdings handelt es sich hier um weit mehr als eine finanztechnische Empfehlung. Vielmehr geht es um eine relativ radikale politische Forderung. Und die muss auch politisch durchgesetzt werden. Davon sind wir aber leider noch Lichtjahre entfernt. Solange die Politik Schuldner der Finanzwelt ist, haben wir nicht die geringste Hoffnung, dass sich an der lukrativen Geldschöpfung aus dem Nichts etwas ändern wird.

Banken viel strenger regulieren

Wenn man sich anschaut, was bei den ganzen »Deregulierungen« der letzten Jahrzehnte herausgekommen ist, stellt man fest: Eher selten wurden in der Realwirtschaft Rahmenbedingungen, gesetzliche oder steuerliche Vorschriften, Handelsstatuten oder Ähnliches vereinfacht oder gar abgeschafft. Nirgends sonst wurden so viele und so grundlegende Regeln gekillt wie in der Finanzbranche. Und mit der Deregulierung begann das Dilemma. Seitdem haben wir eine Finanzmarktkrise nach der anderen. Obwohl nach der Finanzkrise 2008 alle Stein und Bein geschworen haben, nun sei es mit dem ungehemmten Spiel der Kräfte bei Banken und Fonds vorbei, nun würden strenge Regeln reaktiviert und die Bankenaufsicht angemessen aufgerüstet. Passiert ist seitdem so gut wie nichts. Dabei liegen die Kernpunkte einer Re-Regulierung des Finanzsektors unserer Ansicht nach auf der Hand.

Erste und derzeit wichtigste Maßnahme: Die *Eigenkapital-quote von Banken* muss massiv erhöht werden. Ein normales Unternehmen mit einer Eigenkapitalquote von weniger als 30 Prozent würde von seiner Hausbank schwerlich als kreditwürdig eingestuft. Es ist nicht einzusehen, warum das ausgerechnet bei Unternehmen, die Geld »herstellen« und damit handeln, anders sein sollte. Das Gros der Banken liegt bei unter 10 Prozent. Etliche haben sogar nach wie vor Eigenkapitalquoten zwischen 2 und 3 Prozent. Wenn Sie bei Ihrer Bank mit so wenig Eigenkapital eine Immobilie oder ein Auto finanzieren wollten, würde Ihr Berater einen Lachanfall bekommen.

Die zweite Maßnahme, die keinerlei Aufschub duldet, ist eine drastische *Schrumpfkur für Banken*. Wohl verkleinern sich viele Institute derzeit schon freiwillig. Etwa, indem sie Finanztransaktionen auf eigene Rechnung, den sogenannten Eigenhandel, stark zurückfahren oder sogar ganz einstellen. Ein ziemlicher Batzen geht allerdings auch auf die Auslagerung fauler Kredite in Bad Banks und andere Schattengesellschaften.

Doch das reicht nicht! Banken müssen, wie jedes andere Unternehmen, pleitegehen können! Nur so lässt sich in Zukunft verhindern, dass sie ihre Gewinne privatisieren, ihre Verluste aber sozialisieren. »Too big to fail« und »Systemrelevanz« dürfen nie wieder Argumente sein, um Sparern und Steuerzahlern in die Tasche zu greifen. Daher muss gesetzlich geregelt werden, dass Banken nur noch eine Bilanzsumme haben dürfen, die das Risiko ihrer Insolvenz gesamtgesellschaftlich vertretbar macht.

Drittens: Schluss mit der Universalbank! Stattdessen gilt es, ein strenges *Trennbankensystem* einzuführen beziehungsweise zu reaktivieren. Risiken oder gar Verluste im riskanten bis hochriskanten Investmentbanking dürfen keinesfalls über das normale Einlagengeschäft refinanziert werden. Das Geld der Sparer muss vom Geld der Zocker hundertprozentig abgeschottet werden. Wenn eine Bank meint, sie müsse vom Girokonto bis zum Hedgefonds alles anbieten, dann muss sie dies zumindest in rechtlich und operativ komplett getrennten Geschäftsbereichen tun.

Das verhindert, wie wir in den USA gesehen haben, zwar keine Lehman-Pleite und keinen Subprime-Krediteinbruch. Aber damit würde zumindest sichergestellt, dass angesichts zahlreicher Verflechtungen auf den internationalen Finanzmärkten nicht gleich ganze Volkswirtschaften zittern müssen, wenn in einer Spekulantenbude das Licht ausgegangen ist. Ebenso brauchen wir für Geschäftsbanken und Investmentbanken streng getrennte Aufsichtsinstitutionen.

Viertens müssen Bankern und Börsenhändlern ein paar Dinge schlicht verboten werden. In erster Linie der *Eigenhandel mit Wertpapieren* sowie die sogenannten *Leerverkäufe*, d. h. der Handel mit Papieren, die man überhaupt nicht besitzt. Zudem braucht es einen knallharten Finanz-TÜV. Der Bundesanstalt für Finanzdienstleistungsaufsicht (BaFin) müssen alle Finanzprodukte vom Rentenfonds bis zum vertracktesten Terminkontrakt einzeln zur Genehmigung vorgelegt werden. Bewertet die BaFin ein Produkt als zu riskant, als intransparent oder sie befürchtet unkontrollierbare Hebelwirkungen, darf es in Deutschland nicht für den Handel zugelassen werden.

Fünftens: Es darf nicht sein, dass weltweit *Derivate* im Volumen von über 544 Billionen Dollar außerhalb der Bankbilanzen herumwabern. Da weiß keiner, wer auf was mit wem oder gegen wen und in welcher Höhe gewettet hat. Konkret: Es muss endlich Schluss sein mit den völlig intransparenten OTC-Geschäften *(Over the Counter)* in Hinterzimmern. Vom Blue Chip bis zum glühend heißen Zockerpapier – was gehandelt wird, muss amtlich notiert an der Börse gehandelt werden. Punkt. Nur so kann die Börsenaufsicht auch riskante Geschäfte überwachen. Und nur so lassen sich Derivate in die Bilanzen der Banken zwingen.

Sechstens: Die Einführung einer *Finanztransaktionssteuer* würde Spekulationen wesentlich eindämmen. Vor allem dem völlig realitätsfernen, rein spekulativen, computergestützten Hochfrequenzhandel könnte damit ein Riegel vorgeschoben werden.

Siebtens: Schluss mit den Boni für Banker und Fondsmanager. Warum müssen Banker – zusätzlich zu ihren ohnehin üppigen Salären – extra dafür bezahlt werden, dass sie ihren Job gut machen? Und warum gibt's diese Prämien sogar in schlechten Zeiten, wenn die Bank gigantische Verluste fabriziert?

So man doch daran festhalten sollte, dann dürfen Boni erst nach langen Fristen von fünf, zehn oder mehr Jahren ausbezahlt werden. Besser noch: Sie werden verrentet. Nur so lässt sich verhindern, dass ein Bonus als Einladung zur kurzfristigen Spekulation verstanden wird. Bei nachgewiesenem Fehlverhalten zum

Schaden des Unternehmens muss es möglich sein, Boni nicht nur zurückzufordern, sondern die Verursacher auch in Haftung zu nehmen. Selbiges gilt für Aktienoptionen. Auch sie machen Manager nämlich nicht zu Unternehmern, sondern bloß zu Spekulanten in eigener Sache.

Lobbys offenlegen und kontrollieren

Lobbyismus hat tausend Gesichter. Vom vertraulichen Hintergrundgespräch bei exklusiven Häppchen und edlem Wein über halb oder nicht öffentliche Anhörungen in Parlamentsausschüssen und Kommissionen bis hin zu Anwälten, die von der Industrie gesponsert sind und in Ministerien dafür Sorge tragen, dass Gesetze, Verordnungen und Ausführungsbestimmungen den Sponsoren in den Kram passen.

Beim Thema Interessenvertretung sind der Fantasie keine Grenzen gesetzt. Um nicht falsch verstanden zu werden: Demokratie ist immer auch Ausgleich unterschiedlichster Interessen. Von daher ist es legitim, dass die jeweiligen Interessensvertreter sich bei Parlamenten, Ministerien oder Behörden Gehör verschaffen. Es ist auch nichts dagegen einzuwenden, dass nicht jedes gesprochene Wort kurz darauf an die Öffentlichkeit gelangt.

Aber: Im Ergebnis muss Interessenvertretung transparent sein: Wer hat wann mit wem über was gesprochen? Welche Forderungen wurden erhoben, welche Vorschläge gemacht, welche

Absprachen getroffen, welche Ansinnen berücksichtigt? In Gesetzgebungsverfahren müsste quasi hinter jedem Satz eines Entwurfstextes stehen, wer ihn dahinein hat schreiben lassen – und mit welcher Absicht und Begründung.

Lobbyisten, die in Parlamenten und Ministerien ein und aus gehen, müssten sich wie Botschafter offiziell akkreditieren. Ebenso müssten Spenden und Sponsoring im Umfeld der Politik bis auf den letzten Cent offengelegt werden. Vergünstigungen, Privilegien und Nettigkeiten aller Art gehören aber verboten. Es kann nicht sein, dass Mitarbeiter in privaten Unternehmen nicht einmal zu Weihnachten von Kunden ein Geschenk annehmen dürfen, das teurer als 3 oder 5 Euro ist. Währenddessen im Berliner oder Brüsseler Politikbetrieb Beamte und Politiker grundsätzlich kein Geld dabeihaben, wenn sie mit potenziellen Bittstellern essen gehen. Ohne strenge Kontrollen untergräbt Lobbyismus die Demokratie.

Klüngel, Günstlingswirtschaft und übermäßige Vertraulichkeit finden sich auch auf Deutschlands Chefetagen. Die Macht über die Konzerne des Landes liegt in den Händen viel zu weniger Manager und Verbandsvertreter. Darum etwa ist eine strikte Begrenzung der Anzahl von Aufsichtsratsposten, die eine Person übernehmen darf, unumgänglich. Ebenso muss gesetzlich garantiert sein, dass ein Aufsichtsrat oder dessen Unternehmen keine persönlichen Interessen an den von ihm kontrollierten Unternehmen haben darf. Auch dem allseits beliebten Wechsel von Ex-Vorständen in die Aufsichtsräte ihrer Arbeitgeber sollte endlich ein Riegel vorgeschoben werden.

Schließlich: Um die Unbestechlichkeit und Unabhängigkeit von Politikern zu wahren und die Gefahr von Klüngel und Korruption zu verhindern, sind absolute Transparenz und lange Sperrfristen von mindestens fünf Jahren für den Wechsel von der Politik in die Wirtschaft erforderlich. Vor allem bei staatseigenen, staatsnahen und öffentlich-rechtlichen Unternehmen müssen die Drehtüren dicke Schlösser bekommen.

Ein Marshallplan für Krisenstaaten

Getilgt werden können die weltweiten Schuldenberge nie. Aber anstatt sie wie eine offene Wunde ewig mitzuschleppen, wäre es an der Zeit, einen Großteil – im umgangssprachlichen wie im buchhalterischen Sinne – abzuschreiben. Da vornehmlich die Krisenländer Südeuropas kein nachhaltiges Wirtschaftsmodell haben, ergo niemals in der Lage sein werden, ihre Schulden zu begleichen, ist bei ihnen ein Schuldenerlass in großem Stil unumgänglich. Der erste Schuldenerlass wird im total bankrotten und völlig überschuldeten Griechenland erfolgen – und zwar nach der Bundestagswahl. Ein Ende mit Schrecken ist letztendlich auch für die Gläubiger besser als der jetzige Schrecken ohne Ende.

Im Anschluss daran wäre den von den Schulden befreiten Ländern dabei zu helfen, die Wirtschaft wieder flott und wettbewerbsfähig zu machen und die grassierende Arbeitslosigkeit in den Griff zu bekommen. Hier tickt eine gewaltige Zeitbombe: Millionen junge Menschen, die seit Jahren keiner Arbeit nachgehen, können weder private Rücklagen bilden noch in die Rentenkassen einzahlen. Absehbar ist ein gigantisch hoher Anteil von Altersarmut, dessen Ausmaße wir uns gar nicht ausmalen können. Schon deshalb benötigen die südeuropäischen Staaten einen neuen Marshallplan, ein Wiederaufbauprogramm, wie es auch Deutschland nach dem Zweiten Weltkrieg auf die Beine geholfen hat.

Abschied von den Weltwährungen

Mit der Globalisierung von Industrie, Dienstleistung und Handel ist eine zügellose Globalisierung der Finanzmärkte einhergegangen. Kreditgeschäfte, verschiedene Formen der Risikoabsicherung und ständige Währungsspekulation übersteigen die realwirtschaftlichen Geldflüsse heute um ein Vielfaches.

Das verfehlte, allein politisch motivierte Experiment Euro hat nachdrücklich bewiesen, dass eine Währung für 19 Volkswirtschaften mit völlig verschiedenen Wirtschaftsstrukturen und unterschiedlichen ökonomischen Rahmendaten nicht funktionieren kann. Auch das Bretton-Woods-System fixer Wechselkurse, das zwischen 1945 und 1971 bestand, ist nicht am Welthandel gescheitert. Sondern daran, dass Volkswirtschaften unterschiedlicher Leistungsfähigkeit in das Korsett einer Währung, nämlich des US-Dollar, gezwängt wurden.

Fakt ist: Der Euro ist zu schwach für Deutschland und zu stark für die Südschiene Europas. Im Währungskorsett des Euros werden Länder wie Griechenland, Spanien, Italien oder Frankreich niemals mehr auf die Beine kommen. Folglich ist es lediglich eine Frage der Zeit, bis dort extreme politische Kräfte das Zepter übernehmen und sich aus der Eurozone verabschieden. Der Euro sollte Europa einen – jetzt trennt er es. Der Euro zerstört Europa und unseren Wohlstand. Um nicht falsch verstanden zu werden: Wir bekennen uns ausdrücklich zu Europa. Allerdings scheint uns eine Rückkehr zu nationalen Währungen mit freien Wechselkursen, eventuell auch Wechselkursen, die lediglich innerhalb vereinbarter Bandbreiten schwanken dürfen, unabdingbar. Noch einmal: Sämtliche Währungsunionen der Geschichte sind gescheitert. Warum das ausgerechnet bei einer Währungsunion von 19 unterschiedlich wirtschaftlich starken, europäischen Staaten anders sein sollte, das konnte uns bis heute niemand einleuchtend erklären.

Wer den Devisenhandel der reinen Spekulation entziehen will, muss diesen regulieren. Währungspolitik ist eben dies: Politik – eine hoheitliche Aufgabe des Staates. Weshalb der Devisenhandel über die Zentralbanken, die Weltbank oder andere öffentlich-rechtliche Institutionen abgewickelt werden muss. Nicht über Börsen.

> *»Am Ende gilt doch nur, was wir getan und gelebt*
> *und nicht, was wir ersehnt haben.«*
> Arthur Schnitzler

Wir leben längst im Paradies

Gegner der Idee eines Bedingungslosen Grundeinkommens haben so etwas wie ein Lieblingsargument. Wie viele starke Argumente kommt es in biblischer Formulierung, mit quasi theologischem bzw. philosophischem Gewicht daher. Und es transportiert ein uraltes Menschenbild: Der Mensch ist faul und bequem, Arbeit ist hart, darum muss der Mensch zur Arbeit gezwungen werden. Das ist die Strafe für jene »Sünden«, derentwegen er aus dem Paradies vertrieben wurde.

Die Idee eines BGE, so das Argument, würde daher im Paradies gewiss wunderbar funktionieren. Aber ebenso gewiss tauge sie nicht für eine Welt, in der die Menschen sich ihr Brot im Schweiße ihres Angesichts verdienen müssten. Unsere Welt.

Nehmen wir das »Brot« als rhetorischen Stellvertreter für all jene Güter und Dienstleistungen, die die Menschen für ein bescheidenes, aber würdiges Leben benötigen. Und nehmen wir den »Schweiß« als rhetorischen Stellvertreter für alle Arten von anstrengenden, unangenehmen Arbeiten.

Dann sollte es nicht schwer sein zu erkennen, dass das »Brot« in unserer Gesellschaft schon lange kein Problem mehr ist. Seit mehreren Jahrzehnten sind die fortgeschrittenen Ökonomien dieser Welt in der Lage, viel mehr Dinge herzustellen und Leistungen zu erbringen, als die Menschen überhaupt verbrauchen beziehungsweise in Anspruch nehmen können. Unser wahres Problem ist längst, dass wir zu viel verramschen, wegwerfen und nicht komplett recyceln. Dass wir viel zu viel Potenzial an menschlicher Arbeit und Kreativität ungenutzt lassen. Warum? Weil wir uns ständig den Kopf über die sinnlose Frage zerbrechen, wer das alles bezahlen soll.

Höchste Zeit, die Sache richtig herum zu betrachten. Nämlich so, wie es der Theologe und Nationalökonom Oswald von Nell-Breuning, einer der Vordenker der katholischen Soziallehre, bereits 1983 formuliert hat:

»Alles, was sich güterwirtschaftlich erstellen lässt (...), das lässt sich auch finanzieren – unter der einzigen Bedingung, dass man es ehrlich und ernstlich will.«

Der gesellschaftliche Wertschöpfungsprozess produziert Güter und Dienstleistungen. Alles andere – Unternehmen, »Gewinne«, »Arbeitsplätze« oder ein Geldsystem – sind bloß Mittel zum Zweck. Auf der Abrechnungsseite des Wirtschaftskreislaufs lösen sich dafür alle Preise komplett in Einkommen auf. Die eigentliche Aufgabe besteht daher darin, diese Einkommen so zu verteilen, dass jeder seinen ihm zustehenden Mindestanteil erhält. Wenn das gewährleistet ist, kann eine Gesellschaft umso entspannter damit umgehen, dass all jene, die darüber hinaus mehr leisten, sich auch ein größeres Stück vom Kuchen abschneiden können.

Noch einmal: Wir haben schlicht kein Problem mehr mit der

Produktion materiellen Reichtums. Hier hat uns der Weg des Fortschritts schon vor fünfzig Jahren zum Hintereingang des Paradieses geführt. Wir sind in der Lage, mit immer weniger Arbeit immer mehr Wohlstand zu erzeugen. Mit Arbeit zumal, die uns nur noch selten den körperlichen Schweiß auf die Stirn treibt.

Dafür leider immer öfter den sprichwörtlichen Schweiß. Den der Sorge, kein Einkommen zu haben oder von diesem nicht leben zu können. Der Sorge, ohne, mit zu geringem oder allzu unsicherem Einkommen von den überreichen Möglichkeiten und Chancen unserer Gesellschaft ganz oder teilweise ausgeschlossen zu sein.

Einzig diese Sorge ist es, die derzeitig in vielen Ländern allzu viele Menschen wirklich umtreibt. Wird aus dieser mehr oder minder vagen Sorge existenzielle Angst, dann biegt deren Bruder – die Aggression – alsbald um die Ecke. Dann rufen Menschen nach jenen starken Beschützern, die versprechen, alle bösen Bedrohungen abzuwehren. Gesellschaft und Politik bekommen es dann schnell mit einem – leider zu wenig bekannten – Problem aus der Psychologie zu tun. Nämlich dem Problem, dass Depressive die Schuld, unter der sie leiden, stets nur erfunden haben. Solange sie diese Schuld bei sich selbst suchen, bleibt das ein zwar schlimmes, aber privates Problem. Suchen sie ihre Schuldigen aber woanders, wird die Lage für alle schnell bedrohlich.

Individuelle Depressionen können therapeutisch und medikamentös erfolgreich behandelt werden. Gegen soziale Depressionen hilft nur eins: miteinander reden. Und gemeinsam entdecken, dass an unseren Problemen niemand schuld ist. Sondern dass unsere Denk- und Handlungsweisen nicht mehr zur Wirklichkeit unseres Lebens passen.

Dieses Buch versteht sich als Weckruf zu einer essentiellen Grundsatzdebatte über die Zukunft unseres Wirtschafts-, Sozial- und Finanzsystems. Eines Systems, das im Dienst der Menschen stehen soll, statt sie permanent zu Getriebenen der Entscheidungen einer Handvoll Manager und Finanzmagnaten zu machen. Ein System, in dem die Menschen eigenverantwortlich arbeiten, gestalten und leben wollen – und nicht bloß schuften und zahlen dürfen. Wir formulieren einen Appell, grundlegende Dinge neu zu denken – und versehen ihn mit einigen Argumenten, wie das gelingen könnte. Wir haben das Buch geschrieben, weil wir vollkommen davon überzeugt sind, dass es knallt, wenn wir diese gesellschaftliche Debatte nicht führen und die Probleme nicht aktiv angehen und zu lösen beginnen.

Unser Steuersystem passt vorne und hinten nicht mehr zu unserer hochgradig arbeitsteilig und international verflochtenen Wirtschaft. Es ist – in Deutschland zumal – ein bürokratisches Monster, übermäßig und unnötig kompliziert, ineffizient und intransparent. Es bestraft die Leistungen von Arbeitnehmern, Selbstständigen, Unternehmern und Unternehmen. Es subventioniert den Einsatz von Maschinen und Technik. Es verteuert dafür im Verhältnis die Arbeit von Menschen. Was sich überall dort rächt, wo deren Tätigkeit unverzichtbar ist: in vielen Bereichen der Dienstleistung, in der Erziehung, der Kultur oder der Pflege.

Darum sagen wir: Schafft alle Steuern ab – bis auf eine! Nämlich eine Steuer, die ausschließlich dann greift, wenn Menschen dem Wirtschaftskreislauf Leistung entnehmen: beim Einkaufen, beim Konsum. Und nicht, wenn sie ihre Leistung, ihre Arbeit, ihre Ideen, ihre Power in das soziale Gefüge namens Wirtschaft einbringen.

Das zweite alte Denken: Einkommen müsse untrennbar mit Arbeit verknüpft sein. Wir haben dargelegt, warum in einer modernen Wirtschaft, in der alle Menschen alles kaufen müssen, um leben zu können, Einkommen umgekehrt eine Voraussetzung dafür ist, dass jeder seine Fähigkeiten entfalten und in die Gesellschaft einbringen kann. Warum am Ende alle »Kosten« Einkommen sind – und Einkommen darum ein Bürgerrecht ist. Warum unsere Art der Einkommensverteilung die Leistungsfähigkeit von Wirtschaft und Gesellschaft hemmt. Warum sie allzu viele Menschen von gesellschaftlicher Teilhabe ausschließt. Warum Niedriglöhne, prekäre Beschäftigung oder Hartz IV nichts als Angst und eine gigantische Welle von Altersarmut produzieren.

Wir erleben derzeit eine zweite »industrielle« Revolution, nach der die erste – die Maschinen-Revolution – wie ein laues Abendlüftchen aussehen wird. Vereinte Nationen und Weltbank gehen davon aus, dass durch intelligente Automatisierung und Digitalisierung absehbar bis zu 75 Prozent aller Arbeitsplätze wegfallen werden. Einzige Frage: Wo ist das Problem? Arbeit erleichtern, am besten abschaffen. Bei weiterhin wachsendem, möglichst nachhaltigem materiellen Wohlstand neue Freiräume schaffen für Kreativität, Ideen, Kultur. Was bitte wollen wir denn mehr?

Die einzige Frage wäre doch: Wie verteilen wir Wohlstand in einer Gesellschaft, in der die Menschen einen immer kleineren Teil ihrer Zeit damit zubringen werden, Dinge herzustellen und durch die Welt zu bewegen – sowie Herstellung und Bewegung von Dingen zu verwalten? In der irgendwann jede langweilige Routinetätigkeit automatisiert sein wird. Kurz: in einer Welt, in der zwar alle arbeiten – aber weder täglich von neun bis fünf noch ein Leben lang oder lebenslang dasselbe.

Nicht zuletzt auf diese Revolution ist die Revolution des Bedingungslosen Grundeinkommens die passende Antwort. Und weil das inzwischen auch die »Entscheidungsträger« sehen, die diese Entwicklung vorantreiben, ist die BGE-Debatte längst auch in den Zentren der ökonomischen Macht angekommen. Auf dem Weltwirtschaftsforum in Davos saßen 2016 Hunderte knallharter Manager in einem Panel zum Thema BGE. Siemens-Chef Joe Käser, Telekom-Boss Timotheus Höttges, SAP-Vorstand Bernd Leukert, Tesla-Gründer Elon Musk oder Ebay-Gründer Pierre Omidyar haben sich öffentlich für die Idee eines Grundeinkommens ausgesprochen. Und sie sind längst nicht mehr die einzigen. Zeit, die Debatte voranzutreiben. Und höchste Zeit, dass sich auch die Kritiker der Idee endlich mit gescheiten Argumenten wappnen, statt die ewig gleichen Pseudo-Einwände und Milchmädchenrechnungen hervorzukramen.

Zeit, dass auch unsere Politiker endlich den Finger in diesen Wind der Zeit halten. Mit Lösungen von gestern wird keine Partei all jene Bürger ansprechen können, die sich von ihnen seit langer Zeit nicht mehr wahrgenommen und vertreten fühlen. Institutionen und Bürokratien sind großartig, wenn es darum geht, einen eingespielten Status Quo zu verwalten. Aber sie sind selten gut aufgestellt, wenn Wandel sich nicht nur in Nebenzimmern, An- und Aufbauten des Gesellschaftsgebäudes abspielt, sondern droht dessen Fundamente zu unterspülen. Bildlich gesprochen handeln sie dann wie Bewohner, die immer noch den Klempner rufen, obwohl längst eine Baufirma anrücken müsste.

Der Unterbau bestimmt immer den Überbau, so wie ein jedes Haus auf einem Fundament ruht und jeder Baum nur stabil steht, wenn er ein gesundes und weit verzweigtes Wurzelwerk hat. Wir Bürger, der demokratische Souverän, haben uns zu lange daran gewöhnt, dass die Profis aller Gewerke versprechen, die Bude schon irgendwie in Schuss zu halten. Wir haben uns sozusagen daran gewöhnt, die besten Klempner und Maler zu wählen. Aber die Kernsanierung, die haben wir allzu lange vor uns her geschoben.

Nicht zuletzt haben wir Maklern vertraut, die uns versprachen, das im Grunde marode Haus so zu fotografieren, dass es im Prospekt tipptopp aussehen werde – und sich daher schon ein Dummer finden lasse, der es zu einem Fantasiepreis kauft. Diese windigen Makler des Wohlstands – die Akteure der Finanz- und Kapitalmärkte – gilt es als erstes an die Kette zu legen. Wohl würden wir uns eher die Hand abhacken, als hier Wahlempfehlungen abzugeben. Aber in diesem Punkt sind wir kompromisslos: Parteien, die zum Thema Finanzmarktregulierung nichts Substanzielles im Wahlprogramm stehen haben, erklären wir für unwählbar.

Ansonsten kann nur gelten: Einmischen! Jeder nach seinen Möglichkeiten, jeder nach seiner Facon. Jede gesellschaftliche Veränderung beginnt mit Nachdenken – Bücher sollen da helfen – und Diskutieren. Aber die Welt wird nicht in Gesprächskreisen bei Tee und Gebäck verändert. Diskutieren (nicht: pöbeln) Sie also in den Sozialen Netzwerken mit. Gehen Sie auf die Straße. Gehen Sie ihren Politikern auf die Nerven. Oder besser noch: Gehen Sie selbst in die Politik.

Der Wandel kommt immer von unten, von den Menschen, vom Souverän. Gerade wir Europäer wissen, wie das geht. Wenn alle die Notwendigkeit eines nachhaltigen Wandels erkennen, dann läuft es friedlich – so wie 1989. Wenn die Eliten sich dieser Einsicht zu lange und zu hartnäckig widersetzen, dann läuft es so wie 1789 oder 1848. Es liegt an uns.

Wie schon gesagt: Sonst knallt's!

>>An allem Unfug, der passiert,
sind nicht etwa nur die schuld, die ihn tun,
sondern auch die, die ihn nicht verhindern.<<

Erich Kästner